كتاب الطبخ الكامل لعطلة هانوكا

كتاب طبخ احتفالي للاحتفال بعيد الأضواء. 100 وصفة لذيذة لوجبات الحانوكا التقليدية والحديثة والوجبات الخفيفة والحلويات

دشرلا قواس

جدول المحتويات

4

مقدمة

مرحبا بكم في فرحة حانوكا، كتاب الطبخ النهائي للاحتفال بعيد الأضواء! حانوكا هو وقت للعائلة والأصدقاء والطعام اللذيذ، ويحتوي كتاب الطبخ هذا على كل ما تحتاجه لإعداد وجبات لا تُنسى وحلويات ستسعد أحبائك.

في كتاب الطبخ هذا، ستجد مجموعة واسعة من وصفات هانوكا التقليدية والحديثة، بدءًا من اللاتيكس الكلاسيكي ولحم الصدر إلى التقلبات الإبداعية على المفضلات التقليدية مثل سوفجانيوت (كعك الهلام) والشلاه. سواء كنت طباخًا متمرسًا أو مبتدئًا في المطبخ، فمن السهل اتباع هذه الوصفات وستساعدك على إعداد وجبات هانوكا اللذيذة والوجبات الخفيفة والحلويات التي سيحبها الجميع.

لكن فرحة حانوكا هي أكثر من مجرد كتاب طبخ - إنها احتفال بالثقافة والتقاليد اليهودية. ستتعرف في جميع أنحاء الكتاب على تاريخ عيد حانوكا وأهميته، بالإضافة إلى القصص والتقاليد التي تجعل هذا العيد مميزًا للغاية.

لذا، سواء كنت تبحث عن الإلهام لقائمة حانوكا الخاصة بك أو ببساطة تريد معرفة المزيد عن هذه العطلة المحبوبة، فإن فرحة هانوكا هي الرفيق المثالي. هيا بنا نطبخ ونحتفل بعيد الأضواء بأناقة!

حانوكا، مهرجان الأضواء، كتاب الطبخ، تقليدي، حديث، وصفات، لاتكس، لحم الصدر، سوفجانيوت، شله، الثقافة اليهودية، التقاليد، العطلة، القائمة، الإلهام، الاحتفال..

1 . كعكة رغيف التفاح

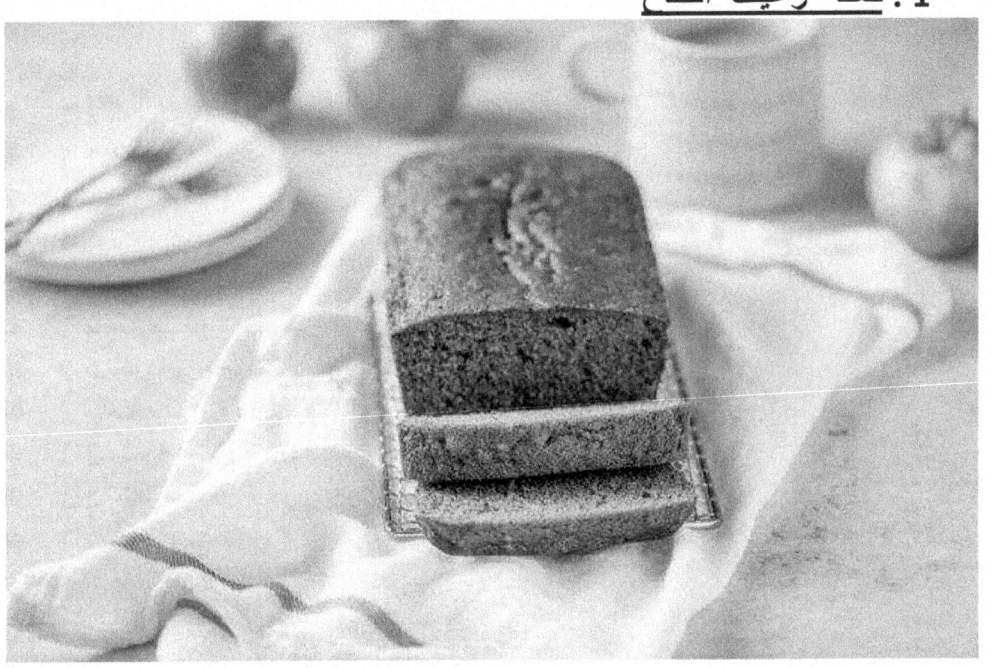

العائد: 16 حصص

مكونات

- 2/1 كوب جوز (مفروم)
- 1 2/1 كوب عصير تفاح
- 1 بيضة
- 1 كوب سكر
- 2 ملعقة كبيرة زيت
- 1 ملعقة صغيرة خلاصة الفانيليا
- 2 كوب دقيق (جميع الأغراض)
- 2 ملعقة صغيرة من صودا الخبز
- 2/1 ملعقة صغيرة قرفة (مطحونة)
- 2/1 ملعقة صغيرة جوزة الطيب (مطحون)
- 1 كوب زبيب

تعليمات

a) غسل اليدين جيداً بالصابون والماء الدافئ.
b) سخني الفرن مسبقاً إلى 350 درجة. دهن 2 قالب رغيف (8 × 4 × 2 بوصة).
c) نحمص الجوز في مقلاة غير مدهونة. يُحرَّك المزيج أثناء التسخين على نار متوسطة إلى منخفضة لمدة 5-7 دقائق. يتم نضجها عندما تكون بنية اللون ولها رائحة جوزية. توضع جانبا لتبرد.
d) اخلطي عصير التفاح والبيض والسكر والزيت والفانيليا في وعاء كبير.
e) اخلطي الدقيق، وصودا الخبز، والقرفة، وجوزة الطيب معًا في وعاء أصغر.
f) صب خليط الدقيق في خليط التفاح.
g) يُضاف الزبيب والمكسرات المحمصة المبردة.
h) نسكب نصف كمية العجينة في كل صينية مدهونة بالزبدة. اخبزيها لمدة 45-55 دقيقة.
i) أخرج الكعك من الفرن. تبرد لمدة 10 دقائق. إزالة من المقالي لإنهاء التبريد. للحصول على أفضل مذاق، اترك الكعك يبرد قبل ساعات قليلة من التقديم.

2 . لحم البقر والملفوف لتناول العشاء

العائد: 4 حصص

مكونات

- 1 رأس ملفوف أخضر (مغسول ومقطع إلى قطع صغيرة)
- 1 بصلة متوسطة (مقطعة)
- 1 رطل لحم بقري مفروم، قليل الدهن (15% دهون)
- بخاخ طبخ مانع للالتصاق
- 1 ملعقة صغيرة من مسحوق الثوم
- 4/1 ملعقة صغيرة فلفل أسود
- الملح (حسب الذوق، اختياري)
- رقائق الفلفل الأحمر (حسب الرغبة، اختياري)

تعليمات

a) يقطع الملفوف والبصل، ويتركان جانباً.

b) في مقلاة كبيرة، قومي بطهي اللحم المفروم على نار متوسطة حتى يصبح لونه بنيًا. استنزاف الدهون. ضعي لحم البقر جانباً.

c) رش المقلاة برذاذ الطبخ غير اللاصق. يُطهى البصل على نار متوسطة حتى يصبح طريًا.

d) يُضاف الملفوف إلى البصل ويُطهى حتى يبدأ الملفوف في التحول إلى اللون البني.

e) يُضاف اللحم البقري إلى خليط الملفوف والبصل.

f) يتبل بمسحوق الثوم والملح (اختياري) والفلفل. أضف رقائق الفلفل الأحمر (اختياري) إلى الملفوف إذا كنت تحبه حارًا.

3. طاجن الأرز بالبروكلي

العائد: 12 حصص

مكونات

- 1 2/1 كوب أرز
- 3 2/1 كوب ماء
- 1 بصل (متوسطة، مفرومة)
- 1 علبة كريمة الفطر أو الدجاج أو الكرفس أو حساء الجبن (10 4/3 أونصة، مكثفة)
- 1 2/1 كوب حليب (1%)
- 20 أونصة من البروكلي أو القرنبيط أو الخضار المختلطة (المجمدة والمقطعة)
- 2/1 رطل جبن (مبشور أو شرائح)
- 3 ملاعق كبيرة ماجرين (أو زبدة)

تعليمات

a) سخني الفرن إلى 350 درجة، ثم دهني صينية خبز مقاس 12 × 9 × 2 بوصة بالزبدة.
b) في قدر، اخلطي الأرز والملح و3 أكواب من الماء واتركيه حتى يغلي.
c) يغطى ويترك على نار خفيفة لمدة 15 دقيقة. ارفعي القدر عن النار واتركيه جانبًا لمدة 15 دقيقة إضافية.
d) يُقلى البصل في السمن (أو الزبدة) حتى ينضج.
e) اخلطي الحساء والحليب ونصف كوب ماء والبصل والأرز. يُسكب المزيج في صينية الخبز.
f) قم بإذابة الخضار وتصفيتها ثم وزعها فوق خليط الأرز.
g) يُوزّع الجبن بالتساوي على السطح ويُخبز في الفرن على حرارة 350 درجة لمدة 25-30 دقيقة حتى يذوب الجبن ويصبح الأرز شمبانياً.

4. لاتكس عدس أحمر

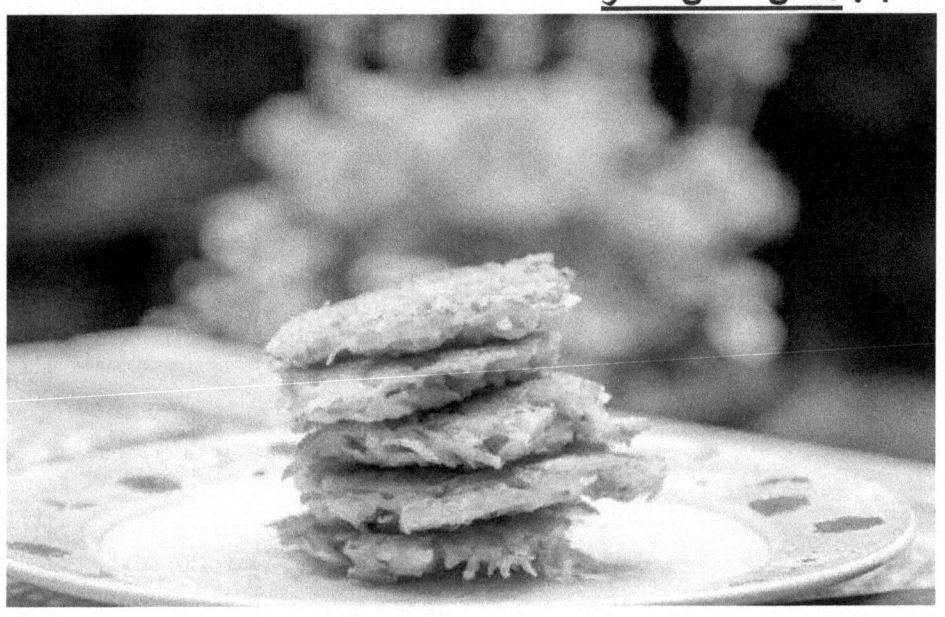

العائد: 4 حصص

مكونات

- 2/1 كوب عدس أحمر جاف
- 1 بطاطس، متوسطة الحجم مبشورة (حوالي 2/1 رطل، التقشير اختياري)
- 1 بيضة كبيرة
- 1 فص ثوم، مقطع إلى شرائح رفيعة
- 2 ملعقة كبيرة جبنة بارميزان، مبشورة، أو أي نوع آخر من الجبن
- 1 رشة صلصة حارة (2-1 رشة، اختياري)
- 4/1 ملعقة صغيرة ملح
- فلفل أسود (حسب الرغبة، اختياري)
- ملعقتان كبيرتان من زيت الكانولا (أو زيت الزيتون للطهي)

تعليمات

a) أضيفي العدس إلى قدر متوسطة الحجم وأضيفي الماء ليغطيه بحوالي بوصة واحدة. يُغلى المزيج ثم يُخفض الحرارة ويُطهى على نار خفيفة حتى ينضج لمدة 15 دقيقة تقريبًا. يصفى ويوضع جانبا.

b) في هذه الأثناء، قم بإزالة الماء الزائد من البطاطس: يمكنك إما عصرها بحفنة أو وضع الكومة بأكملها على منشفة شاي نظيفة وعصرها.

c) اكسري البيضة في وعاء متوسط الحجم واخفقيها بخفة. أضف البطاطس والعدس المطبوخ والثوم والبصل الأخضر والجبن والصلصة الحارة إذا كنت تستخدمها في وعاء متوسط الحجم. أضيفي الملح والفلفل الأسود المطحون جيداً، وقلبي حتى يمتزجوا.

d) سخني مقلاة كبيرة على نار متوسطة، ثم أضيفي كمية كبيرة من الزيت (1-2 ملعقة كبيرة). العمل على دفعات، حتى لا تزدحم المقلاة، أضف كتلًا من خليط البطاطس والعدس (بحجم كرة الجولف تقريبًا أو أكبر قليلاً)، ثم قم بتسوية كل منها بمجرد وضعها في المقلاة، مما يجعلها تقريبًا سمك نصف بوصة.

e) اطهيها لمدة تتراوح بين 4 و5 دقائق لكل جانب، حتى تصبح شرائح الخبز ذات لون بني ذهبي عميق وتنضج تمامًا. أضف القليل من الزيت إلى المقلاة لكل دفعة إضافية. يُقدم الطبق على الفور أو يُحفظ دافئًا في فرن على حرارة 200 درجة فهرنهايت لمدة تصل إلى ساعة.

5 . فطائر البطاطس بالسبانخ

العائد: 4 حصص

مكونات
- 2 كوب كوسة، مقطعة
- 1 بطاطس، متوسطة (مقشرة ومقطعة)
- 4/1 كوب بصل، مفروم ناعماً
- 4/1 ملعقة صغيرة ملح
- 4/1 كوب دقيق القمح الكامل
- 1 2/1 كوب سبانخ، مقطعة ومطهية على البخار
- 2/1 ملعقة صغيرة فلفل
- 4/1 ملعقة صغيرة جوزة الطيب مطحونة
- 1 بيضة مخفوقة
- عصير التفاح (اختياري)

تعليمات
a) الجمع بين المكونات الثمانية الأولى في وعاء.
b) ضجة في البيض وتخلط جيدا.
c) قم بإسقاط الخليط بمقدار ربع كوب على صينية ساخنة مدهونة جيدًا ثم قم بتسويتها لتكوين فطائر.
d) تقلى حتى يصبح لونها بنيا ذهبيا. اقلبها واطهيها حتى يتحول لون الجانب الثاني إلى اللون البني الفاتح. يُصفّى على مناشف ورقية ويُقدم مع عصير التفاح إذا رغبت في ذلك.

6 . أصابع خبز القمح الكامل بالثوم

العائد: 6 حصص

مكونات:

- 6 شرائح خبز (100% قمح كامل)
- 2 ملعقة كبيرة زيت زيتون
- 2/1 ملعقة صغيرة من مسحوق الثوم
- 1 توابل إيطالية (حسب الحاجة، للرش)

تعليمات

a) دهن كل شريحة خبز بملعقة صغيرة من الزيت.
b) يرش مسحوق الثوم والتوابل الإيطالية.
c) رصي الخبز وقطعي كل شريحة إلى 3 أجزاء متساوية.
d) تُخبز في الفرن على حرارة 300 درجة لمدة 25 دقيقة تقريبًا أو حتى تصبح مقرمشة وذات لون بني فاتح.

7 . حلقات البصل هانوكا

مكونات:
- 3 حبات بصل كبيرة
- 1 كوب دقيق الذرة
- 1 كوب دقيق
- 2 ملعقة صغيرة ملح
- 1 كوب زبادي
- 1 كوب حليب
- فلفل مطحون
- زيت للقلي

تعليمات

a) في وعاء كبير، سخني حوالي ¾ بوصة من الزيت إلى 350 درجة فهرنهايت. اجمعي الحليب والزبادي في وعاء صغير. الجمع بين دقيق الذرة والدقيق والملح والفلفل في وعاء آخر.

b) نقطع البصل إلى شرائح ونفصل الحلقات. ننقع الحلقات في خليط الحليب والزبادي لبضع دقائق.

c) بعد ذلك، مرري كلا الجانبين في خليط الدقيق واستخدمي الملقط لوضع الحلقات في الزيت. قم بطهي الحلقات حتى تصبح ذهبية اللون.

d) قم بإزالتها إلى منشفة ورقية وتدفئة في فرن على حرارة 200 درجة فهرنهايت.

8. كريمة حامضة محلية الصنع

مكونات:
- ¼ كوب حليب
- 1 كوب كريمة ثقيلة
- ¾ ملعقة صغيرة من الخل الأبيض المقطر

تعليمات

a) يُمزج الحليب والخل ويُترك لمدة 10 دقائق. صب الكريمة الثقيلة في وعاء.

b) أضيفي خليط الحليب، ثم غطي الوعاء واتركيه في درجة حرارة الغرفة لمدة 24 ساعة.

c) تبرد قبل الاستخدام.

9 . كعكة زيت الزيتون بالبرتقال والمريمية

مكونات:

كيك:

- 4 بيضات
- 1 كوب سكر
- ½ كوب زيت زيتون بكر ممتاز
- ربع كوب عصير برتقال
- 2 ملعقة كبيرة برش برتقال
- 1 ملعقة كبيرة ريحان طازج مفروم ناعماً
- ½ 1 كوب دقيق متعدد الأغراض
- 1 ملعقة كبيرة بيكنج باودر
- ½ ملعقة صغيرة ملح
- ½ ملعقة صغيرة قرفة

كريمة البرتقال:

- 1 كوب سكر بودرة
- 2 ملعقة كبيرة عصير برتقال

تعليمات

a) سخني الفرن إلى 350 درجة فهرنهايت، ثم دهني صينية خبز كبيرة بالزبدة. في خلاط كهربائي، اخفقي البيض مع السكر لمدة دقيقتين حتى يصبح الخليط رقيقًا. مع تشغيل الخلاط على سرعة منخفضة، أضيفي زيت الزيتون وعصير البرتقال. أضعاف في قشر البرتقال وأوراق المريمية.

b) في وعاء خلط منفصل، يجمع الدقيق ومسحوق الخبز والملح والقرفة.

c) أضف الخليط الجاف إلى الخليط الرطب في الخلاط واخلطه حتى يصبح ناعمًا.

d) صب الخليط في وعاء الرغيف. اخبزي الكعكة لمدة 30-35 دقيقة. ضعي الكيك جانباً لمدة 15 دقيقة في القالب ثم انقليه إلى رف سلكي ليبرد تماماً.

e) في وعاء الخلط، اخلطي السكر البودرة وعصير البرتقال معًا. عندما تبرد الكيكة، زينيها بالكريمة واتركيها جانباً حتى تتماسك الكريمة.

10 . سهل سوفجانيوت

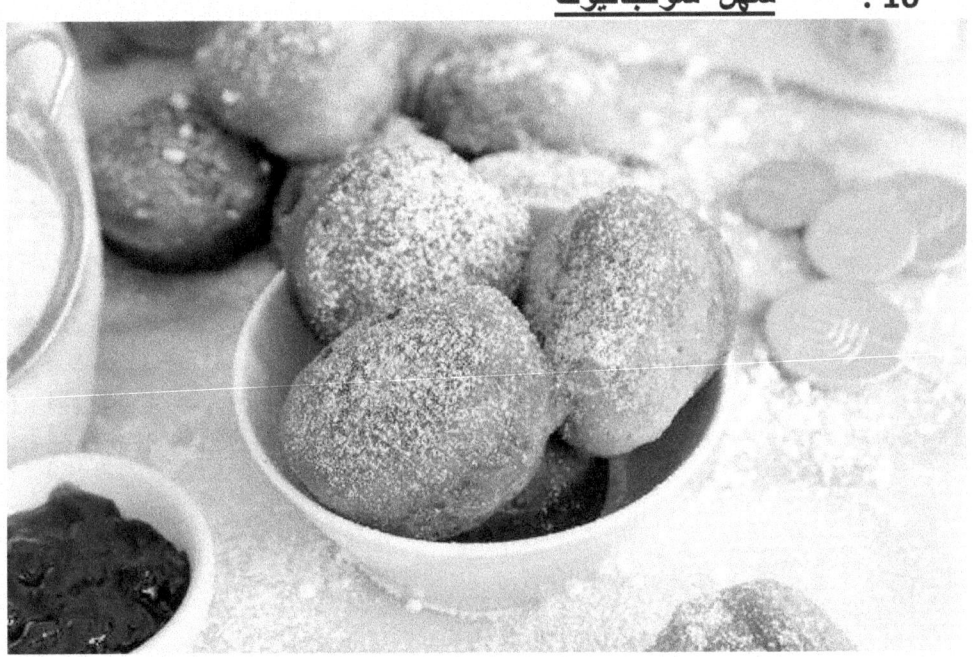

مكونات:

- لفة واحدة من عجينة البسكويت التي يتم شراؤها من المتجر
- زيت الكانولا، للقلي
- كأس صغير من السكر الأبيض أو البودرة
- نصف كوب زيت مربى

تعليمات

a) اتركي العجينة في درجة حرارة الغرفة لمدة 20 دقيقة حتى يسهل فردها.
b) على سطح مرشوش بالدقيق، افردي العجينة حتى يصبح سمكها نصف بوصة. قطع دوائر مقاس 2 ½ بوصة أو 3 بوصة.
c) املأ قدرًا بـ 2 بوصة من الزيت وقم بتسخينه إلى 360 درجة فهرنهايت.
d) تقلى العجينة حتى يصبح كل جانب بنيا عميقا. اختبر واحدة للتأكد من أنها ليست عجينة في المنتصف. انقلي الدونات إلى منشفة ورقية، ثم أزيلي أي دهون زائدة ثم غطيها بالسكر.
e) املأ المربى باستخدام زجاجة الضغط.

11 . <u>هانوكا جيلت فادج</u>

مكونات

- 3 أكواب من رقائق الشوكولاتة نصف المحلاة
- 1 علبة حليب مكثف محلى
- 1 ملعقة صغيرة فانيليا
- ¼ ملعقة صغيرة ملح

تعليمات

a) تُمزج رقائق الشوكولاتة مع الحليب المكثف في وعاء وتُسخن في الميكروويف لمدة دقيقة واحدة.

b) حرك حتى يصبح ناعما. إذا كانت هناك حاجة لمزيد من الوقت، استمر في التسخين في الميكروويف بزيادات قدرها 10 ثوانٍ.

c) أضيفي الفانيليا والملح وحركي. توزع في طبق مبطن بورق مشمع. الثلاجة لمدة ½ ساعة. نقطع الحلوى إلى الأشكال المرغوبة ونغلفها بورق الألمنيوم.

d) برد الحلوى حتى تصبح جاهزة للأكل.

12 .   سبانخ وجبنة مشوية

مكونات

- بخاخ طبخ مانع للالتصاق
- 2 بيضة كاملة بالإضافة إلى 2 بياض بيضة
- ¾ كوب حليب
- 3 شرائح خبز خفيف، مقطع إلى مثلثات صغيرة
- 1 كوب سبانخ طازجة، مفرومة ناعماً
- نصف كوب من جبنة البارميزان المبشورة

تعليمات

a) سخني الفرن إلى 350 درجة فهرنهايت. غطي قاع صينية سبرينغفورم مقاس 8 بوصات بورق الخبز ورشيها برذاذ الطبخ غير اللاصق. في وعاء متوسط الحجم، اخفقي البيض وبياض البيض حتى يصبح الخليط رغويًا.

b) أضف الحليب والسبانخ والجبن. يقلب ليمتزج. تصب في المقلاة المحضرة.

c) اغمسي مثلثات الخبز المجفف في الخليط. بعد أن تتغطى بالخليط، ارفعي نقطة واحدة من كل قطعة بالشوكة حتى تبرز إلى الأعلى.

d) اخبزيها بدون غطاء حتى تكتسب اللون البني الفاتح، لمدة 20-30 دقيقة.

e) إزالة من الفرن وتبرد. قم بفك الحواف عن طريق القطع من الخارج بسكين. أخرجه من المقلاة وضعه على طبق عازل للحرارة.

13 .   بسكويت زبدة النعناع

مكونات

- 1 كوب زبدة، مخففة
- نصف كوب سكر الحلويات
- ½ 1 ملعقة صغيرة من خلاصة النعناع
- ¾ 1 كوب دقيق متعدد الأغراض
- سكر ملون اخضر

تعليمات

a) في وعاء كبير، ضعي الزبدة وسكر الحلويات حتى يصبح خفيفًا ورقيقًا. فاز في استخراج. أضيفي الدقيق تدريجياً واخلطي جيداً. ملعقتان كبيرتان من العجينة تُشكل إلى كرات.
b) ضع مسافة 1 بوصة على صفائح الخبز غير المدهونة. تتسطح مع كوب مغمس في السكر الملون. تُخبز في الفرن على حرارة 350 درجة فهرنهايت لمدة 12-14 دقيقة أو حتى تتماسك.
c) إزالة لرفوف السلك لتبرد. العائد: 3 دزينة.

14. البطاطا الحلوة المحمصة والتين الطازج

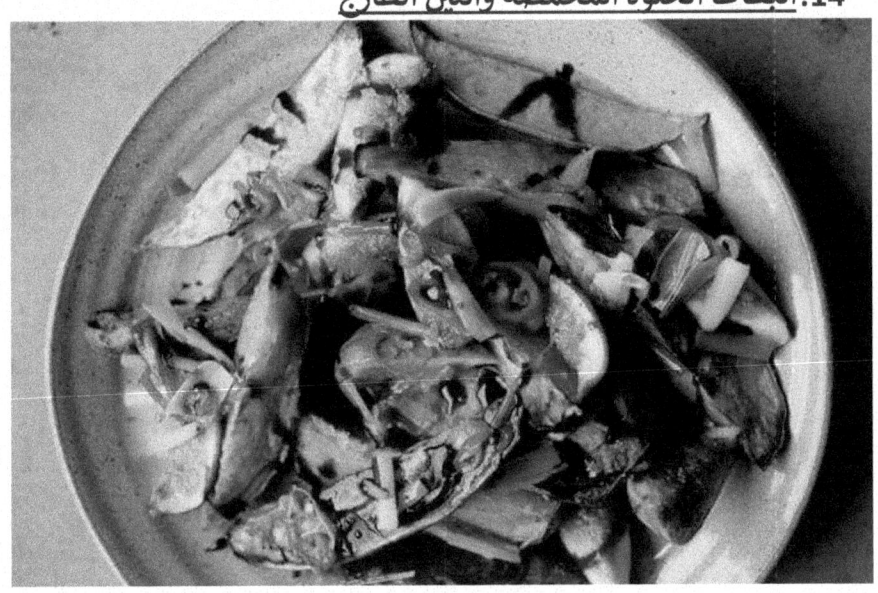

يجعل: 4

مكونات

- 4 حبات بطاطا حلوة صغيرة (إجمالي 2¼ رطل / 1 كجم)
- 5 ملاعق زيت زيتون
- 3 ملاعق كبيرة / 40 مل من الخل البلسمي (يمكنك استخدام النوع التجاري بدلًا من النوع الفاخر)
- 1½ ملعقة كبيرة / 20 جرام سكر ناعم
- 12 حبة بصل أخضر، مقطعة إلى نصفين بالطول ومقطعة إلى شرائح بحجم 1½ بوصة / 4 سم
- 1 فليفلة حمراء، مقطعة إلى شرائح رفيعة
- 6 حبات تين ناضجة (إجمالي 8½ أونصة / 240 جم)، مقطعة إلى أرباع
- 5 أونصة / 150 جرام من جبن حليب الماعز الطري (اختياري)
- ملح البحر مالدون والفلفل الأسود المطحون الطازج

تعليمات

a) سخني الفرن إلى 475 درجة فهرنهايت / 240 درجة مئوية.

b) اغسلي البطاطس الحلوة، وقطعيها إلى نصفين بالطول، ثم قطعي كل نصف مرة أخرى بالمثل إلى 3 شرائح طويلة. اخلطي 3 ملاعق كبيرة من زيت الزيتون وملعقتين صغيرتين من الملح والقليل من الفلفل الأسود. افردي القطع على صينية خبز، بحيث يكون جانب الجلد لأسفل، واطهيها لمدة 25 دقيقة تقريبًا، حتى تصبح طرية ولكن ليست طرية. نخرجها من الفرن ونتركها لتبرد.

c) لتحضير صلصة البلسميك، ضعي الخل البلسمي والسكر في قدر صغيرة. يُغلى المزيج ثم يُخفض الحرارة ويُترك على نار خفيفة لمدة تتراوح بين 2 إلى 4 دقائق حتى يتكاثف. تأكد من رفع المقلاة عن النار عندما يكون الخل أكثر سيولة من العسل؛ سوف يستمر في التكاثف عندما يبرد. أضيفي قطرة من الماء قبل التقديم إذا أصبحت سميكة جدًا بحيث لا يمكن رشها.

d) رتبي البطاطس الحلوة في طبق التقديم. سخني الزيت المتبقي في قدر متوسطة الحجم على نار متوسطة ثم أضيفي البصل الأخضر والفلفل الحار. يقلى لمدة 4 إلى 5 دقائق مع التحريك باستمرار للتأكد من عدم حرق الفلفل الحار. يُسكب الزيت والبصل والفلفل الحار فوق البطاطا الحلوة. ضعي نقاط التين بين الأوتاد ثم رشي فوقها الخل البلسمي. يقدم في درجة حرارة الغرفة. قم بتفتيت الجبن فوق الجزء العلوي، في حالة استخدامه.

15. <u>فتوش نعمة</u>

يجعل: 6

مكونات

- 1 كوب / 200 جرام زبادي يوناني و¾ كوب بالإضافة إلى 2 ملعقة كبيرة / 200 مل حليب كامل الدسم، أو 1⅔ كوب / 400 مل مخيض اللبن (يستبدل كلاً من الزبادي والحليب)
- 2 خبز تركي كبير أو خبز نان (9 أونصة / 250 جم إجمالاً)
- 3 حبات طماطم كبيرة (إجمالي 13 أونصة / 380 جم)، مقطعة إلى مكعبات بحجم ⅔ بوصة / 1.5 سم
- ½ 3 أونصة / 100 جرام من الفجل المقطع إلى شرائح رفيعة
- 3 حبات خيار لبنانية أو صغيرة (إجمالي 9 أونصة / 250 جرام)، مقشرة ومقطعة إلى مكعبات بحجم ⅔ بوصة / 1.5 سم
- 2 بصل أخضر، مقطع إلى شرائح رفيعة
- ½ أوقية / 15 جرام نعناع طازج
- 1 أونصة / 25 جم من البقدونس ذو الأوراق المسطحة، المفروم بشكل خشن
- 1 ملعقة كبيرة نعناع مجفف
- 2 فص ثوم، مطحون
- 3 ملاعق كبيرة عصير ليمون طازج
- ¼ كوب / 60 مل زيت زيتون، بالإضافة إلى كمية إضافية للرش
- 2 ملعقة كبيرة خل التفاح أو الخل الأبيض
- ¾ ملعقة صغيرة فلفل أسود مطحون طازج
- 1½ ملعقة صغيرة ملح
- 1 ملعقة كبيرة سماق أو أكثر حسب الرغبة للتزيين

تعليمات

a) إذا كنت تستخدم الزبادي والحليب، فابدأ قبل 3 ساعات على الأقل وحتى يوم واحد عن طريق وضع كليهما في وعاء. نخفق المكونات جيداً ونتركها في مكان بارد أو في الثلاجة حتى تتكون فقاعات على السطح. ما تحصل عليه هو نوع من اللبن محلي الصنع، ولكن أقل تعكرًا.

b) قطعي الخبز إلى قطع صغيرة الحجم ثم ضعيها في وعاء خلط كبير. أضف خليط الزبادي المخمر أو اللبن التجاري، متبوعًا بباقي المكونات، واخلط جيدًا، واتركه لمدة 10 دقائق حتى تمتزج جميع النكهات.

c) نسكب الفتوش في أطباق التقديم، ونرش عليه القليل من زيت الزيتون، ونزينه بالسماق.

16. <u>سلطة السبانخ الصغيرة مع التمر واللوز</u>

يجعل: 4

مكونات

- 1 ملعقة كبيرة خل النبيذ الأبيض
- ½ بصلة حمراء متوسطة الحجم، مقطعة إلى شرائح رفيعة
- 3½ أوقية / 100 جرام من تمر المجهول، مقطع إلى أرباع بالطول
- 2 ملعقة كبيرة / 30 جرام زبدة غير مملحة
- 2 ملعقة كبيرة زيت زيتون
- 2 خبز بيتا صغير، حوالي 3½ أونصة / 100 جرام، ممزقة تقريبًا إلى قطع بحجم 1½ بوصة / 4 سم
- ½ كوب / 75 جم من اللوز الكامل غير المملح، المفروم خشنًا
- 2 ملعقة صغيرة سماق
- ½ ملعقة صغيرة رقائق تشيلي
- 5 أونصة / 150 جرام من أوراق السبانخ الصغيرة
- 2 ملعقة كبيرة عصير ليمون طازج
- ملح

تعليمات

a) ضعي الخل، والبصل، والتمر في وعاء صغير. أضف قليلًا من الملح واخلطه جيدًا بيديك. اتركيها منقوعة لمدة 20 دقيقة، ثم صفي أي خل متبقي وتخلصي منها.

b) في هذه الأثناء، سخني الزبدة ونصف زيت الزيتون في مقلاة متوسطة الحجم على نار متوسطة. يُضاف خبز البيتا واللوز ويُطهى لمدة تتراوح بين 4 إلى 6 دقائق مع التحريك طوال الوقت حتى يصبح خبز البيتا مقرمشًا وبنيًا ذهبيًا. يُرفع عن النار ويخلط مع السماق ورقائق الفلفل الحار ونصف ملعقة صغيرة من الملح. توضع جانبا لتبرد.

c) عندما تصبح جاهزًا للتقديم، اقلب أوراق السبانخ مع خليط البيتا في وعاء خلط كبير. يُضاف التمر والبصل الأحمر، وما تبقى من زيت الزيتون، وعصير الليمون، وقليل من الملح. تذوقي التتبيلة وقدميها على الفور.

17. باذنجان مشوي مع البصل المقلي

©①Ⓢ 2014 foodhoe's foraging

يجعل: 4

مكونات

- 2 حبة باذنجان كبيرة، مقطعة إلى النصف بالطول مع وضع الساق (حوالي 1⅔ رطل / 750 جم إجمالاً)
- ⅔ كوب / 150 مل زيت زيتون
- 4 حبات بصل (حوالي 1¼ رطل / 550 جم إجمالاً)، مقطعة إلى شرائح رفيعة
- 1½ فلفل أخضر حار
- 1½ ملعقة صغيرة كمون مطحون
- 1 ملعقة صغيرة سماق
- ¾ أونصة / 50 جرام من جبنة الفيتا، مقسمة إلى قطع كبيرة
- 1 ليمونة متوسطة
- 1 فص ثوم، مطحون
- الملح والفلفل الأسود المطحون الطازج

تعليمات

a) سخني الفرن إلى 425 درجة فهرنهايت / 220 درجة مئوية.

b) سجل الجانب المقطوع من كل باذنجان بنمط متقاطع. دهن الجوانب المقطوعة بـ 6½ ملاعق كبيرة / 100 مل من الزيت ورشها بالملح والفلفل. ضعيها على صينية الخبز، وقطعيها إلى أعلى، واشويها في الفرن لمدة 45 دقيقة تقريبًا، حتى يصبح لون اللحم بنيًا ذهبيًا وينضج تمامًا.

c) أثناء شواء الباذنجان، أضيفي الزيت المتبقي إلى مقلاة كبيرة وضعيه على نار عالية. يُضاف البصل ونصف ملعقة صغيرة من الملح ويُطهى لمدة 8 دقائق مع التحريك باستمرار حتى تصبح أجزاء البصل داكنة ومقرمشة. نزرع بذور الفلفل الحار ونقطعه، مع إبقاء الفلفل كله منفصلاً عن النصف. يُضاف الكمون المطحون والسماق والفلفل الحار المفروم ويُطهى لمدة دقيقتين إضافيتين قبل إضافة جبنة الفيتا. يُطهى لمدة دقيقة أخيرة دون التحريك كثيرًا، ثم يُرفع عن النار.

d) استخدم سكينًا مسننًا صغيرًا لإزالة قشر ولب الليمون. اقطع اللحم بشكل خشن، وتخلص من البذور، ثم ضع اللحم وأي عصائر في وعاء مع نصف الفلفل الحار المتبقي والثوم.

e) قم بتجميع الطبق بمجرد أن يصبح الباذنجان جاهزًا. ننقل الأنصاف المشوية إلى طبق التقديم ونسكب صلصة الليمون فوق اللحم. قومي بتسخين البصل قليلاً ثم قدميه. يُقدم الطبق دافئًا أو يُترك جانبًا ليصل إلى درجة حرارة الغرفة.

18. <u>قرع الجوز المحمص مع الزعتر</u>

يجعل: 4

مكونات

- 1 قرع كبير (وزن إجمالي 2½ رطل / 1.1 كجم)، مقطع إلى شرائح مقاس ¾ × 2½ بوصة / 2 × 6 سم
- 2 بصل أحمر، مقطع إلى شرائح بحجم 1¼ بوصة / 3 سم
- 3½ ملعقة كبيرة / 50 مل زيت زيتون
- 3⅓ ملعقة كبيرة معجون طحينة خفيف
- 1½ ملعقة كبيرة عصير ليمون
- 2 ملعقة كبيرة ماء
- 1 فص صغير من الثوم، مهروس
- 3½ ملعقة كبيرة / 30 جرام صنوبر
- 1 ملعقة كبيرة زعتر
- 1 ملعقة كبيرة أوراق بقدونس مسطحة مفرومة خشناً
- ملح البحر مالدون والفلفل الأسود المطحون الطازج

تعليمات

a) سخني الفرن إلى 475 درجة فهرنهايت / 240 درجة مئوية.

b) ضعي القرع والبصل في وعاء خلط كبير، وأضيفي 3 ملاعق كبيرة من الزيت، وملعقة صغيرة من الملح، والقليل من الفلفل الأسود، وقلبي جيدًا. يُوزّع على صينية خبز بحيث يكون الجلد متجهًا للأسفل ويُشوى في الفرن لمدة تتراوح بين 30 إلى 40 دقيقة، حتى تأخذ الخضار بعض اللون وتنضج تمامًا. راقب البصل لأنه قد ينضج بشكل أسرع من القرع ويجب إزالته مبكرًا. إزالة من الفرن وتترك لتبرد.

c) لتحضير الصلصة، ضعي الطحينة في وعاء صغير مع عصير الليمون، الماء، الثوم، وربع ملعقة صغيرة من الملح. اخفقي حتى تصبح الصلصة بقوام العسل، أضيفي المزيد من الماء أو الطحينة إذا لزم الأمر.

d) يُسكب ما تبقى من ملعقة صغيرة من الزيت في مقلاة صغيرة ويُوضع على نار متوسطة إلى منخفضة. يُضاف الصنوبر مع نصف ملعقة صغيرة من الملح ويُطهى لمدة دقيقتين مع التحريك باستمرار حتى يصبح الجوز بنيًا ذهبيًا. نرفعه عن النار وننقل المكسرات والزيت إلى وعاء صغير لإيقاف الطهي.

e) عند التقديم، وزعي الخضار في طبق تقديم كبير ثم رشي فوقها الطحينة. نرش الصنوبر وزيته على الوجه، ثم الزعتر والبقدونس.

19. **فافا فول كوكو**

يجعل: 6

مكونات

- 1 رطل / 500 جرام من الفول الطازج أو المجمد
- 5 ملاعق كبيرة / 75 مل ماء مغلي
- 2 ملعقة كبيرة سكر ناعم
- 5 ملاعق كبيرة / 45 جرام من البرباريس المجفف
- 3 ملاعق كبيرة كريمة ثقيلة
- ¼ ملعقة صغيرة خيوط زعفران
- 2 ملعقة كبيرة ماء بارد
- 5 ملاعق زيت زيتون
- 2 بصلة متوسطة، مفرومة ناعماً
- 4 فصوص من الثوم المهروس
- 7 بيضات كبيرة الحجم
- 1 ملعقة كبيرة دقيق متعدد الأغراض
- ½ ملعقة صغيرة بيكنج بودر
- 1 كوب / 30 جرام شبت مفروم
- ½ كوب / 15 جم نعناع مفروم
- الملح والفلفل الأسود المطحون الطازج

تعليمات

a) سخني الفرن إلى 350 درجة فهرنهايت / 180 درجة مئوية. ضعي الفول في وعاء به الكثير من الماء المغلي. يُطهى على نار خفيفة لمدة دقيقة واحدة، ويُصفى، ويُنعش تحت الماء البارد، ويُترك جانبًا.

b) اسكبي 5 ملاعق كبيرة / 75 مل من الماء المغلي في وعاء متوسط الحجم، ثم أضيفي السكر وحركيه حتى يذوب. بمجرد أن يصبح هذا الشراب فاترًا، أضيفي البرباريس واتركيه لمدة 10 دقائق تقريبًا، ثم صفيه.

c) تُغلى الكريمة، والزعفران، والماء البارد في قدر صغيرة. يُرفع فورًا عن النار ويوضع جانباً لمدة 30 دقيقة لينقع.

d) قم بتسخين 3 ملاعق كبيرة من زيت الزيتون على نار متوسطة في مقلاة مقاومة للالتصاق مقاس 10 بوصة / 25 سم، مقاومة للفرن والتي يكون لديك غطاء لها. يُضاف البصل ويُطهى لمدة 4 دقائق تقريبًا مع التحريك من حين لآخر، ثم يُضاف الثوم ويُطهى ويُقلب لمدة دقيقتين إضافيتين. أضيفي الفول المدمس واتركيه جانباً.

e) يخفق البيض جيدًا في وعاء خلط كبير حتى يصبح رغويًا. أضيفي الدقيق، والبيكنج باودر، وكريمة الزعفران، والأعشاب، وملعقة صغيرة ونصف ملح، ونصف ملعقة صغيرة فلفل، واخفقي جيدًا. أخيرًا، أضيفي خليط البرباريس والفول والبصل.

f) ننظف المقلاة، ثم نضيف ما تبقى من زيت الزيتون، ونضعها في الفرن لمدة 10 دقائق حتى تسخن جيداً. يُسكب مزيـج البيض في المقلاة الساخنة ويُغطى ويُخبز لمدة 15 دقيقة. أزيلي الغطاء واخبزيها لمدة 20 إلى 25 دقيقة أخرى، حتى ينضج البيض. نخرجها من الفرن ونتركها لمدة 5 دقائق قبل أن تقلب في طبق التقديم. خدمة الحارة أو في درجة حرارة الغرفة.

سلطة الخرشوف الخام والأعشاب

20. <u>سلطة الخرشوف الخام والأعشاب</u>

يجعل: 2

مكونات

- 2 أو 3 حبات خرشوف كبيرة الحجم (1½ رطل / 700 جرام إجمالاً)
- 3 ملاعق كبيرة عصير ليمون طازج
- 4 ملاعق زيت زيتون
- 2 كوب / 40 جرام جرجير
- نصف كوب / 15 جرام من أوراق النعناع الممزقة
- نصف كوب / 15 جرام من أوراق الكزبرة الممزقة
- 1 أونصة / 30 جرام من جبنة بيكورينو توسكانو أو جبنة رومانو، مقطعة شرائح رقيقة
- ملح البحر مالدون والفلفل الأسود المطحون الطازج

تعليمات

a) تحضير وعاء من الماء الممزوج بنصف عصير الليمون. قم بإزالة ساق حبة خرشوف واحدة وانزع الأوراق الخارجية القاسية. بمجرد وصولك إلى الأوراق الناعمة والشاحبة، استخدم سكينًا كبيرًا وحادًا لقطع الزهرة بحيث يتبقى لك الربع السفلي. استخدم سكينًا صغيرًا حادًا أو مقشرة خضروات لإزالة الطبقات الخارجية من الخرشوف حتى تنكشف القاعدة أو القاع. اكشط "الخنق" المشعر وضع القاعدة في الماء المحمض. تخلصي من الباقي، ثم كرري ذلك مع الخرشوف الآخر.

b) قم بتصفية الخرشوف وجففه بالمناشف الورقية. باستخدام مندولين أو سكين حاد كبير، قطعي الخرشوف إلى شرائح رفيعة الورق ثم انقليه إلى وعاء خلط كبير. اعصري ما تبقى من عصير الليمون، وأضيفي زيت الزيتون، وقلبي جيدًا حتى يتغطى. يمكنك ترك الخرشوف لمدة تصل إلى بضع ساعات إذا أردت، في درجة حرارة الغرفة. عندما يصبح جاهزًا للتقديم، أضف الجرجير والنعناع والكزبرة إلى الخرشوف وتبله بربع ملعقة صغيرة من الملح والكثير من الفلفل الأسود المطحون الطازج.

c) إرم بلطف وترتيب على أطباق التقديم. مقبلات مع نشارة البيكورينو.

21. <u>سلطة الفاصوليا المختلطة</u>

يجعل: 4

مكونات

- 10 أونصة / 280 جرام من الفاصوليا الصفراء، مشذبة (إذا لم تكن متوفرة، قم بمضاعفة كمية الفاصوليا الخضراء)
- 10 أوقية / 280 جرام فاصوليا خضراء مشذبة
- 2 حبة فلفل أحمر، مقطعة إلى شرائح بعرض ¼ بوصة / 0.5 سم
- 3 ملاعق كبيرة زيت زيتون، بالإضافة إلى 1 ملعقة صغيرة للفلفل
- 3 فصوص من الثوم، مقطعة إلى شرائح رفيعة
- 6 ملاعق كبيرة / 50 جم نبات الكبر، مشطف ومجفف
- 1 ملعقة صغيرة بذور كمون
- 2 ملعقة صغيرة بذور كزبرة
- 4 حبات بصل أخضر، مقطعة إلى شرائح رفيعة
- ⅓ كوب / 10 جرام من الطرخون المفروم خشناً
- ⅔ كوب / 20 جرام من أوراق البقدونس المقطعة (أو خليط من الشبت المقطوف والبقدونس المبشور)
- نكهة مبشورة من 1 ليمونة
- الملح والفلفل الأسود المطحون الطازج

تعليمات

a) سخني الفرن إلى 450 درجة فهرنهايت / 220 درجة مئوية.

b) يُغلى وعاء كبير به كمية كبيرة من الماء حتى يغلي ثم تُضاف الفاصوليا الصفراء. بعد دقيقة واحدة، أضف الفاصوليا الخضراء واطهيها لمدة 4 دقائق أخرى، أو حتى تنضج الفاصوليا ولكنها تظل مقرمشة. قم بتجديده تحت الماء المثلج، ثم صفيه، واتركه حتى يجف، ثم ضعه في وعاء خلط كبير.

c) في هذه الأثناء، يُضاف الفلفل إلى ملعقة صغيرة من الزيت، ويُوزع على صينية الخبز، ويُوضع في الفرن لمدة 5 دقائق، أو حتى ينضج. نخرجها من الفرن ونضيفها إلى الوعاء مع الفاصوليا المطبوخة.

d) سخني 3 ملاعق كبيرة من زيت الزيتون في قدر صغير. يُضاف الثوم ويُطهى لمدة 20 ثانية. أضف نبات الكبر (احذر، فهو يبصق!) واقليه لمدة 15 ثانية أخرى. أضيفي بذور الكمون والكزبرة واستمري في القلي لمدة 15 ثانية أخرى. يجب أن يتحول الثوم إلى اللون الذهبي الآن. نرفعه عن النار ونسكب محتويات القدر على الفور فوق الفول. يُقلب ويُضاف البصل الأخضر، والأعشاب، وقشر الليمون، وربع ملعقة صغيرة من الملح، والفلفل الأسود.

e) يُقدم، أو يُحفظ في الثلاجة لمدة تصل إلى يوم واحد. فقط تذكر أن تعود إلى درجة حرارة الغرفة قبل التقديم.

22. كرات اللحم بالكراث والليمون

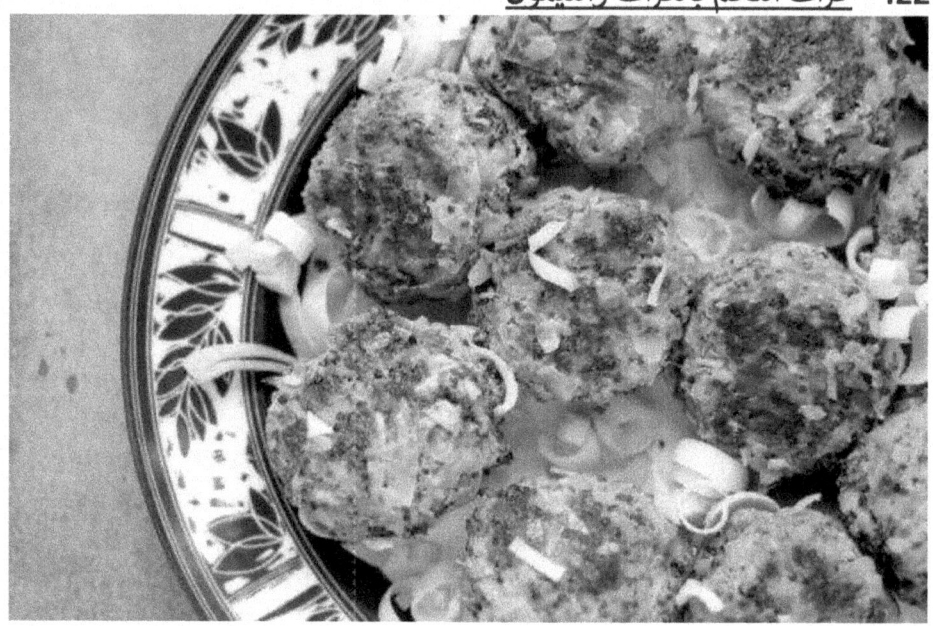

يجعل: 4 كمبتدئ

مكونات

- 6 كراثات كبيرة مشذبة (حوالي 1¾ رطل / 800 جرام إجمالاً)
- 9 أوقية / 250 جرام لحم بقري مفروم
- 1 كوب / 90 جرام فتات خبز
- 2 بيضة كبيرة الحجم
- 2 ملعقة كبيرة زيت دوار الشمس
- ¾ إلى ¼ 1 كوب / 200 إلى 300 مل من مرق الدجاج
- ⅓ كوب / 80 مل عصير ليمون طازج (حوالي 2 ليمونة)
- ⅓ كوب / 80 جرام زبادي يوناني
- 1 ملعقة كبيرة أوراق بقدونس مسطحة مفرومة ناعماً
- الملح والفلفل الأسود المطحون الطازج

تعليمات

a) يُقطع الكراث إلى شرائح بحجم ¾ بوصة / 2 سم ويُطهى على البخار لمدة 20 دقيقة تقريبًا حتى يصبح طريًا تمامًا. يُصفى ويُترك ليبرد، ثم يُعصر باستخدام منشفة الشاي للتخلص من أي ماء متبقي. قم بتحضير الكراث في محضرة الطعام عن طريق طحنه عدة مرات حتى يتم تقطيعه جيدًا ولكن ليس طريًا. ضعي الكراث في وعاء خلط كبير، مع اللحم، وفتات الخبز، والبيض، وربع ملعقة صغيرة من الملح، وملعقة صغيرة من الفلفل الأسود. قم بتشكيل المزيج على شكل أقراص مسطحة، تقريبًا ¾2 × ¾ بوصة / 7 × 2 سم - وهذا يجب أن يكون 8. قم بتبريدها لمدة 30 دقيقة.

b) قم بتسخين الزيت على نار متوسطة إلى عالية في مقلاة كبيرة ذات قاع ثقيل والتي يكون لديك غطاء لها. احرق الفطائر على كلا الجانبين حتى يصبح لونها بنيا ذهبيا. ويمكن القيام بذلك على دفعات إذا لزم الأمر.

c) امسحي المقلاة بمنشفة ورقية، ثم ضعي كرات اللحم في القاع، بحيث تتداخل قليلاً إذا لزم الأمر. صب كمية كافية من المرق لتغطية الفطائر تقريبًا، ولكن ليس تمامًا. أضف عصير الليمون ونصف ملعقة صغيرة من الملح. يُغلى المزيج ثم يُغطى ويُترك على نار خفيفة لمدة 30 دقيقة. أزيلي الغطاء واطهيه لبضع دقائق أخرى، إذا لزم الأمر، حتى يتبخر كل السائل تقريبًا. ارفعي المقلاة عن النار واتركيها جانباً حتى تبرد.

d) تُقدم كرات اللحم دافئة أو في درجة حرارة الغرفة، مع قليل من الزبادي ورشة من البقدونس.

23. حانوكاسلطة كولرابي

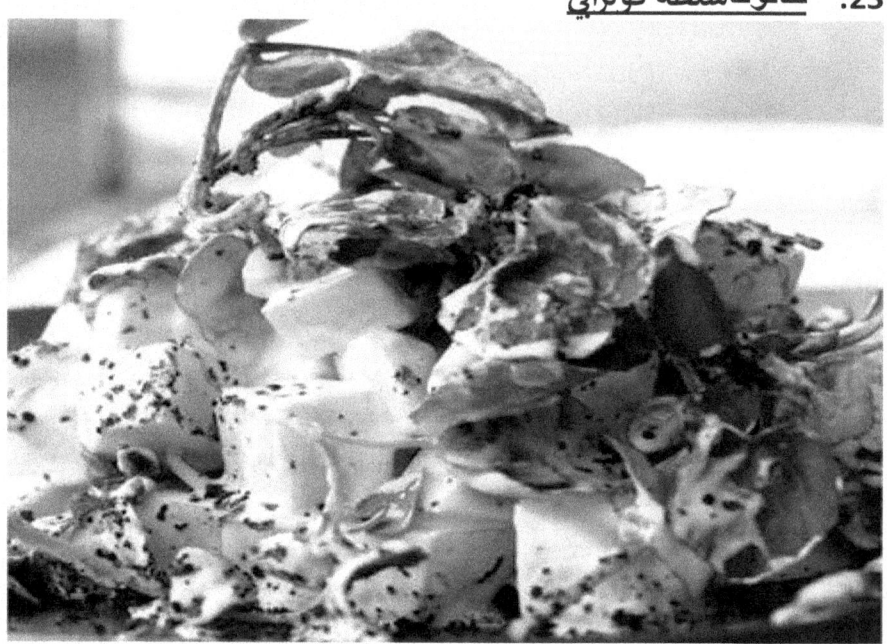

يجعل: 4

مكونات

- 3 حبات كرنب متوسطة الحجم (1⅔ رطل / 750 جم إجمالاً)
- ⅓ كوب / 80 جرام زبادي يوناني
- 5 ملاعق كبيرة / 70 جرام كريمة حامضة
- 3 ملاعق كبيرة جبنة ماسكربوني
- 1 فص صغير من الثوم، مهروس
- 1½ ملعقة صغيرة عصير ليمون طازج
- 1 ملعقة كبيرة زيت زيتون
- 2 ملعقة كبيرة نعناع طازج مفروم ناعم
- 1 ملعقة صغيرة نعناع مجفف
- حوالي 12 غصنًا / 20 جرامًا من الجرجير الصغير
- ¼ ملعقة صغيرة سماق
- الملح والفلفل الأبيض

تعليمات

a) قشر الكرنب، وقطعه إلى مكعبات بحجم ⅔ بوصة / 1.5 سم، ثم ضعه في وعاء خلط كبير. توضع جانبا وتحضر الصلصة.

b) ضعي الزبادي، والقشدة الحامضة، والماسكاربوني، والثوم، وعصير الليمون، وزيت الزيتون في وعاء متوسط الحجم. أضف ربع ملعقة صغيرة من الملح وطحن الفلفل الصحي واخفقه حتى يصبح ناعمًا. أضيفي الصلصة إلى الكرنب، يليها النعناع الطازج والمجفف ونصف كمية الجرجير.

c) يقلب بلطف، ثم يوضع في طبق التقديم. ضعي كمية الجرجير المتبقية في الأعلى ورشيها بالسماق.

24. <u>سلو الخضار الجذرية مع لبنة</u>

يجعل: 6

مكونات

- 3 حبات شمندر متوسطة الحجم (1 رطل / 450 جرام إجمالاً)
- 2 جزرة متوسطة الحجم (9 أونصة / 250 جرام إجمالاً)
- ½ جذر الكرفس (10 أونصة / 300 جرام إجمالاً)
- 1 كرنب متوسط الحجم (9 أونصة / 250 جرام إجمالاً)
- 4 ملاعق كبيرة من عصير الليمون الطازج
- 4 ملاعق زيت زيتون
- 3 ملاعق كبيرة خل شيري
- 2 ملعقة صغيرة سكر ناعم
- ¾ كوب / 25 جرام أوراق كزبرة مفرومة خشناً
- ¾ كوب / 25 جرام أوراق نعناع مقطعة
- ⅔ كوب / 20 جرام من أوراق البقدونس المسطحة، المفرومة خشناً
- ½ ملعقة كبيرة قشر ليمون مبشور
- 1 كوب / 200 جرام لبنة (تُشترى من المتجر أوانظر الوصفة)
- الملح والفلفل الأسود المطحون الطازج
- قشري جميع الخضروات وقطعيها إلى شرائح رفيعة، حوالي 16/1 فلفل حار صغير، مفروم جيدًا

تعليمات

a) ضعي عصير الليمون وزيت الزيتون والخل والسكر وملعقة صغيرة من الملح في قدر صغيرة. يُغلى المزيج على نار خفيفة ويُحرَّك حتى يذوب السكر والملح. إزالة من الحرارة.

b) صفي شرائح الخضار ثم انقليها إلى منشفة ورقية حتى تجف جيدًا. جفف الوعاء واستبدل الخضار. نسكب الصلصة الساخنة فوق الخضار، ونخلطها جيدًا، ونتركها لتبرد. ضعيها في الثلاجة لمدة 45 دقيقة على الأقل.

c) عندما تصبح جاهزة للتقديم، أضف الأعشاب وقشر الليمون وملعقة صغيرة من الفلفل الأسود إلى السلطة. قلبي جيدًا وتذوقي وأضيفي المزيد من الملح إذا لزم الأمر. ترص في أطباق التقديم وتقدم مع بعض اللبنة على الجانب.

25. طماطم مقلية مع الثوم

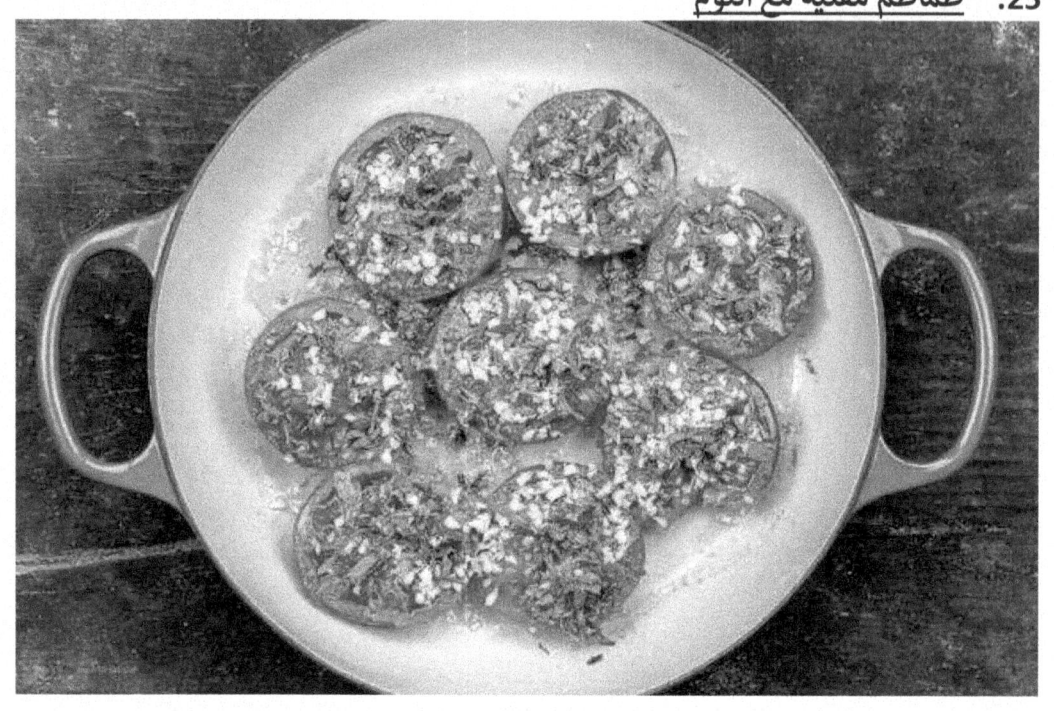

يجعل: 2 إلى 4

مكونات

- 3 فصوص كبيرة من الثوم، مهروسة
- ½ حبة فليفلة صغيرة حارة، مفرومة فرماً ناعماً
- 2 ملعقة كبيرة من البقدونس ذو الأوراق المسطحة المفرومة
- 3 حبات طماطم كبيرة ناضجة ولكنها ثابتة (حوالي 1 رطل / 450 جرام إجمالاً)
- 2 ملعقة كبيرة زيت زيتون
- ملح البحر مالدون والفلفل الأسود المطحون الطازج
- خبز ريفي، للتقديم

تعليمات

a) يخلط الثوم، والفلفل الحار، والبقدونس المفروم في وعاء صغير ويترك جانباً. قم بتغطية الطماطم وذيلها ثم قطعها عموديًا إلى شرائح يبلغ سمكها حوالي ⅔ بوصة / 1.5 سم.

b) سخني الزيت في مقلاة كبيرة على نار متوسطة. تُضاف شرائح الطماطم، وتُتبل بالملح والفلفل، وتُطهى لمدة دقيقة تقريبًا، ثم تُقلب، وتُتبل مرة أخرى بالملح والفلفل، وتُرش بخليط الثوم. استمر في الطهي لمدة دقيقة أخرى أو نحو ذلك، مع هز المقلاة من حين لآخر، ثم قم بقلب الشرائح مرة أخرى واطهيها لبضع ثوان أخرى، حتى تصبح طرية ولكن ليست طرية.

c) تُقلب الطماطم في طبق التقديم، ويُسكب فوقها العصير من المقلاة، وتُقدم فورًا مع الخبز.

26. البنجر المهروس مع الزبادي والزعتر

يجعل: 6

مكونات

- 2 رطل / 900 جرام من البنجر المتوسط الحجم (حوالي 1 رطل / 500 جرام إجمالاً بعد الطهي والتقشير)
- 2 فص ثوم، مطحون
- 1 حبة فليفلة حمراء صغيرة، منزوعة البذور ومفرومة فرماً ناعماً
- مدور 1 كوب / 250 جرام زبادي يوناني
- 1½ ملعقة كبيرة شراب التمر
- 3 ملاعق كبيرة زيت زيتون، بالإضافة إلى كمية إضافية لإنهاء الطبق
- 1 ملعقة كبيرة زعتر
- ملح
- لمقبلات
- 2 بصل أخضر، مقطع إلى شرائح رفيعة
- 2 ملعقة كبيرة / 15 جرام بندق محمص مطحون خشنًا
- 2 أونصة / 60 جرام من جبن حليب الماعز الطري، مفتت

تعليمات

a) سخني الفرن إلى 400 درجة فهرنهايت / 200 درجة مئوية.

b) اغسل البنجر وضعه في وعاء التحميص. ضعيها في الفرن واطهيها بدون غطاء حتى تنزلق السكين بسهولة إلى المنتصف، لمدة ساعة تقريبًا. بمجرد أن تبرد بدرجة كافية للتعامل معها، قشر البنجر وقطع كل واحدة إلى حوالي 6 قطع. السماح لتبرد.

c) ضع البنجر، والثوم، والفلفل الحار، والزبادي في محضرة الطعام وامزجهم للحصول على عجينة ناعمة. يُنقل الخليط إلى وعاء خلط كبير ويُضاف إليه شراب التمر، وزيت الزيتون، والزعتر، وملعقة صغيرة من الملح. تذوق وأضف المزيد من الملح إذا أردت.

d) انقلي الخليط إلى طبق تقديم مسطح واستخدمي ظهر الملعقة لتوزيعه حول الطبق. نثر البصل الأخضر والبندق والجبن فوقها ثم نرشها في النهاية بقليل من الزيت. يقدم في درجة حرارة الغرفة.

27. <u>فطائر السلق السويسرية</u>

يجعل: 4 كمبتدئ

مكونات

- 14 أونصة / 400 جرام من أوراق السلق السويسري، منزوعة السيقان البيضاء
- 1 أونصة / 30 جم من البقدونس ذو الأوراق المسطحة
- ⅔ أوقية / 20 جرام كزبرة
- ⅔ أوقية / 20 جرام شبت
- 1½ ملعقة صغيرة جوزة الطيب مبشورة
- ½ ملعقة صغيرة سكر
- 3 ملاعق كبيرة من الدقيق متعدد الأغراض
- 2 فص ثوم، مطحون
- 2 بيضة كبيرة الحجم
- 3 أونصة / 80 جرام من جبنة الفيتا، مقسمة إلى قطع صغيرة
- 4 ملاعق كبيرة / 60 مل زيت زيتون
- 1 ليمونة، مقطعة إلى 4 شرائح
- الملح والفلفل الأسود المطحون الطازج

تعليمات

a) ضعي وعاءً كبيرًا من الماء المملح ليغلي، ثم أضيفي السلق واتركيه على نار خفيفة لمدة 5 دقائق. قومي بتصفية الأوراق من الماء، ثم قومي بعصرها جيداً حتى تجف تماماً. ضعيها في محضرة الطعام مع الأعشاب وجوزة الطيب والسكر والدقيق والثوم والبيض ونصف ملعقة صغيرة ملح وبعض الفلفل الأسود. قم بخلطها حتى تصبح ناعمة ثم قم بطي جبنة الفيتا من خلال المزيج باليد.

b) صب 1 ملعقة كبيرة من الزيت في مقلاة متوسطة الحجم. ضعيها على نار متوسطة إلى عالية ثم أضيفي ملعقة كبيرة من الخليط لكل فطيرة. اضغط لأسفل برفق للحصول على فطيرة بعرض 2¾ بوصة / 7 سم وسمك ⅜ بوصة / 1 سم. يجب أن تكون قادرًا على استيعاب حوالي 3 فطائر في المرة الواحدة. قم بطهي الفطائر لمدة تتراوح من 3 إلى 4 دقائق إجمالاً، مع التقليب مرة واحدة، حتى تأخذ بعض اللون.

c) انقلي الخليط إلى مناشف ورقية، ثم احتفظي بكل دفعة دافئة أثناء طهي الخليط المتبقي، وأضيفي الزيت المتبقي حسب الحاجة. يقدم على الفور مع شرائح الليمون.

28. الحمص المتبل وسلطة الخضار

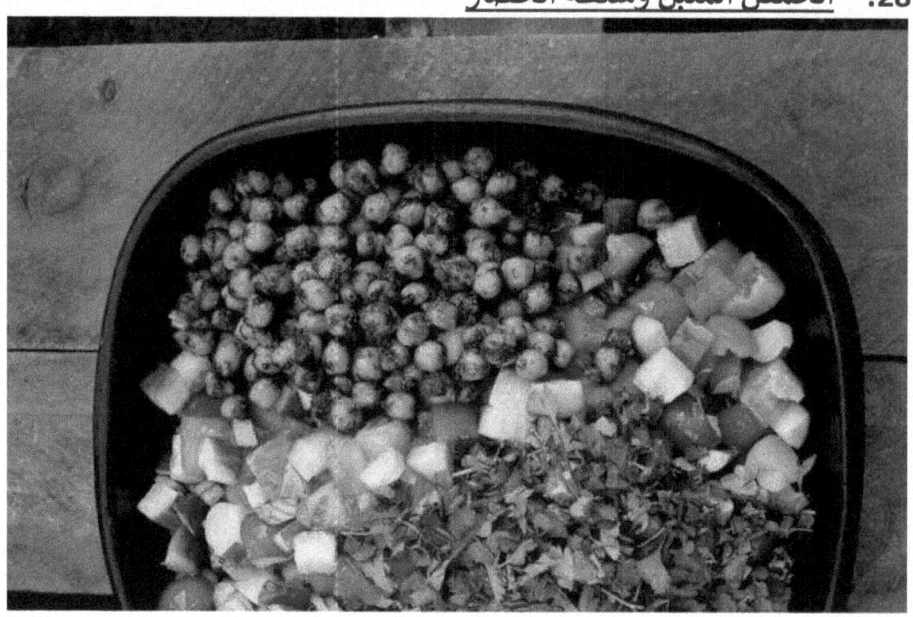

يجعل: 4

مكونات

- نصف كوب / 100 جرام حمص مجفف
- 1 ملعقة صغيرة من صودا الخبز
- 2 خيار صغير (10 أونصة / 280 جرام إجمالاً)
- 2 طماطم كبيرة (10½ أونصة / 300 جرام إجمالاً)
- 8½ أوقية / 240 جرام من الفجل
- 1 حبة فلفل أحمر، منزوعة البذور والأضلاع
- 1 بصلة حمراء صغيرة، مقشرة
- ⅔ أونصة / 20 جم من أوراق وسيقان الكزبرة المفرومة بشكل خشن
- ½ أونصة / 15 جم من البقدونس ذو الأوراق المسطحة، المفروم بشكل خشن
- 6 ملاعق كبيرة / 90 مل زيت زيتون
- قشر 1 ليمونة مبشورة، بالإضافة إلى 2 ملعقة كبيرة عصير
- 1½ ملعقة كبيرة خل شيري
- 1 فص ثوم، مطحون
- 1 ملعقة صغيرة سكر ناعم
- 1 ملعقة صغيرة هيل مطحون
- 1½ ملعقة صغيرة من البهارات المطحونة
- 1 ملعقة صغيرة كمون مطحون
- زبادي يوناني (اختياري)
- الملح والفلفل الأسود المطحون الطازج

تعليمات

a) انقعي الحمص المجفف طوال الليل في وعاء كبير مع الكثير من الماء البارد وصودا الخبز. في اليوم التالي، يصفى ويوضع في قدر كبيرة ويغطى بالماء ضعف حجم الحمص. يُغلى المزيـج ويُطهى على نار خفيفة مع إزالة أي رغوة لمدة ساعة تقريبًا حتى ينضج تمامًا ثم يُصفى.

b) قطع الخيار والطماطم والفجل والفلفل إلى مكعبات بحجم ⅔ بوصة / 1.5 سم؛ قطعي البصل إلى مكعبات بحجم ¼ بوصة / 0.5 سم. امزجي كل شيء معًا في وعاء مع الكزبرة والبقدونس.

c) في وعاء أو وعاء قابل للغلق، اخلطي 5 ملاعق كبيرة / 75 مل من زيت الزيتون وعصير الليمون وقشره والخل والثوم والسكر واخلطيهم جيدًا لتكوين صلصة، ثم تبليهم بالملح والفلفل حسب المذاق. نسكب الصلصة فوق السلطة، ونقلبها قليلاً.

d) اخلطي الهيل، والبهارات، والكمون، وربع ملعقة صغيرة من الملح، ثم ضعيهم في طبق. يُضاف الحمص المطبوخ إلى خليط التوابل على دفعات قليلة حتى يغطى جيدًا. سخني ما تبقى من زيت الزيتون في مقلاة على نار متوسطة واقلي الحمص قليلاً لمدة 2 إلى 3 دقائق، ثم رجي المقلاة بلطف حتى تنضج بالتساوي ولا تلتصق. ابق دافىء.

e) قسمي السلطة على أربعة أطباق، ورتبيها على شكل دائرة كبيرة، ثم ضعي فوقها الحمص المتبل الدافئ، مع الحفاظ على حواف السلطة واضحة. يمكنك رش بعض الزبادي اليوناني فوقها لجعل السلطة كريمية.

29. <u>شرمولا باذنجان مع البرغل واللبن</u>

يجعل: 4 كطبق رئيسي

مكونات

- 2 فص ثوم، مطحون
- 2 ملعقة صغيرة كمون مطحون
- 2 ملعقة صغيرة كزبرة مطحونة
- 1 ملعقة صغيرة رقائق تشيلي
- 1 ملعقة صغيرة بابريكا حلوة
- 2 ملعقة كبيرة قشر ليمون محفوظ مفروم ناعماً (يُباع في المتجر أوانظر الوصفة)
- ⅔ كوب / 140 مل زيت زيتون، بالإضافة إلى كمية إضافية حتى النهاية
- 2 باذنجان متوسط
- 1 كوب / 150 جرام برغل ناعم
- ⅔ كوب / 140 مل ماء مغلي
- ⅓ كوب / 50 جرام زبيب ذهبي
- 3½ ملعقة كبيرة / 50 مل ماء دافئ
- ⅓ أوقية / 10 جرام كزبرة مفرومة بالإضافة إلى كمية إضافية حتى النهاية
- ⅓ أوقية / 10 جرام نعناع مفروم
- ⅓ كوب / 50 جرام زيتون أخضر منزوع البذور ومقطع إلى أنصاف
- ⅓ كوب / 30 جرام من شرائح اللوز المحمصة
- 3 بصل أخضر، مفروم
- 1½ ملعقة كبيرة عصير ليمون طازج
- نصف كوب / 120 جرام زبادي يوناني
- ملح

تعليمات

a) سخني الفرن إلى 400 درجة فهرنهايت / 200 درجة مئوية.

b) لتحضير الشرمولا، اخلطي الثوم والكمون والكزبرة والفلفل الحار والبابريكا والليمون المحفوظ وثلثي زيت الزيتون ونصف ملعقة صغيرة من الملح في وعاء صغير.

c) نقطع الباذنجان إلى نصفين بالطول. قم بتحريك لحم كل شوط بدرجات متقاطعة عميقة وقطرية، مع التأكد من عدم ثقب الجلد. ضعي الشرمولة فوق كل نصف، ووزعيها بالتساوي، ثم ضعيها على صينية خبز بحيث يكون الجانب المقطوع لأعلى. ضعيها في الفرن وشويها لمدة 40 دقيقة، أو حتى ينضج الباذنجان تماماً.

d) في هذه الأثناء، ضعي البرغل في وعاء كبير واغمريه بالماء المغلي.

e) نقع الزبيب في الماء الدافئ. بعد 10 دقائق، صفي الزبيب وأضيفيه إلى البرغل مع الزيت المتبقي. أضيفي الأعشاب والزيتون واللوز والبصل الأخضر وعصير الليمون وقليل من الملح وحركي المزيج. تذوق وأضف المزيد من الملح إذا لزم الأمر.

f) يُقدم الباذنجان دافئًا أو في درجة حرارة الغرفة. ضعي نصف حبة باذنجان مقطعة بحيث يكون الجانب لأعلى على كل طبق على حدة. يُسكب البرغل في الأعلى، ويُترك البعض منه يتساقط من الجانبين. يُسكب القليل من الزبادي ويُرش بالكزبرة ويُختتم برذاذ الزيت.

30. قرنبيط مقلي مع طحينة

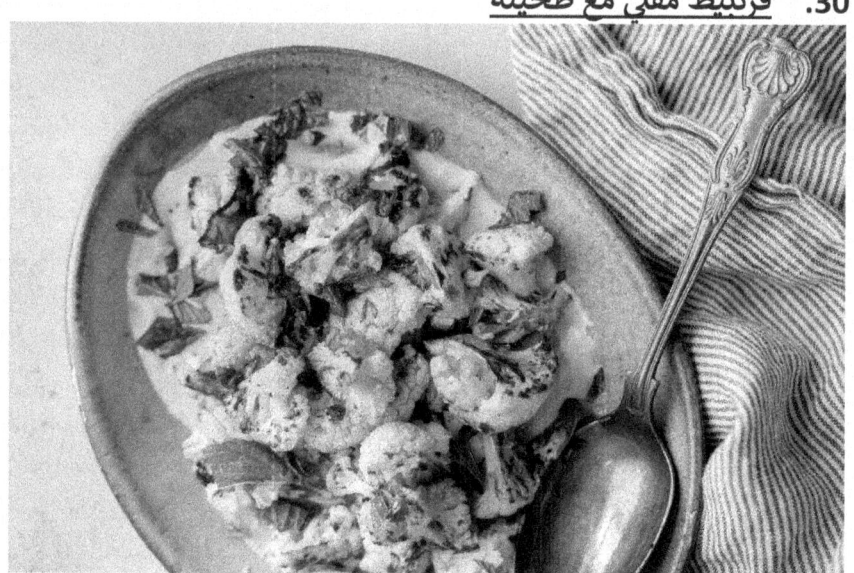

يجعل: 6

مكونات

- 2 كوب / 500 مل زيت دوار الشمس
- 2 رأس قرنبيط متوسط الحجم (إجمالي 2½ رطل / 1 كجم)، مقسمة إلى زهور صغيرة
- 8 حبات بصل أخضر، مقسمة إلى 3 شرائح طويلة
- ¾ كوب / 180 جرام معجون طحينة خفيف
- 2 فص ثوم، مطحون
- ¼ كوب / 15 جرام من البقدونس ذو الأوراق المسطحة، المفروم
- ¼ كوب / 15 جم نعناع مفروم، بالإضافة إلى كمية إضافية للتقديم
- ⅔ كوب / 150 جرام زبادي يوناني
- ¼ كوب / 60 مل من عصير الليمون الطازج، بالإضافة إلى قشر ليمونة واحدة مبشور
- 1 ملعقة صغيرة دبس الرمان، بالإضافة إلى كمية إضافية للتقديم
- حوالي ¾ كوب / 180 مل ماء
- ملح البحر مالدون والفلفل الأسود المطحون الطازج

تعليمات

a) سخني زيت عباد الشمس في قدر كبير يوضع على نار متوسطة إلى عالية. باستخدام ملقط معدني أو ملعقة معدنية، ضعي بعناية بعض زهور القرنبيط في كل مرة في الزيت واطهيها لمدة 2 إلى 3 دقائق، ثم اقلبيها حتى تتلون بالتساوي. عندما يصبح لونها بنياً ذهبياً، استخدمي ملعقة مثقوبة لرفع الأزهار إلى مصفاة لتصفيتها. يرش مع قليل من الملح. استمر على دفعات حتى تنتهي من كل القرنبيط. بعد ذلك، اقلي البصل الأخضر على دفعات ولكن لمدة دقيقة واحدة فقط. أضف إلى القرنبيط. السماح لكلاهما ليبرد قليلا.

b) يُسكب معجون الطحينة في وعاء خلط كبير ويُضاف إليه الثوم والأعشاب المفرومة واللبن الزبادي وعصير وقشر الليمون ودبس الرمان والقليل من الملح والفلفل. حرك جيدًا بملعقة خشبية أثناء إضافة الماء. سوف تتكاثف صلصة الطحينة ثم تخفف عند إضافة الماء. لا تضيفي الكثير، فقط ما يكفي للحصول على قوام سميك وناعم وقابل للسكب، مثل العسل قليلاً.

c) أضيفي القرنبيط والبصل الأخضر إلى الطحينة وقلبي جيدًا. الذوق وضبط التوابل. قد ترغب أيضًا في إضافة المزيد من عصير الليمون.

d) للتقديم، ضعي ملعقة في وعاء التقديم وانتهي ببضع قطرات من دبس الرمان وبعض النعناع.

31. سلطة القرنبيط والبندق المحمصة

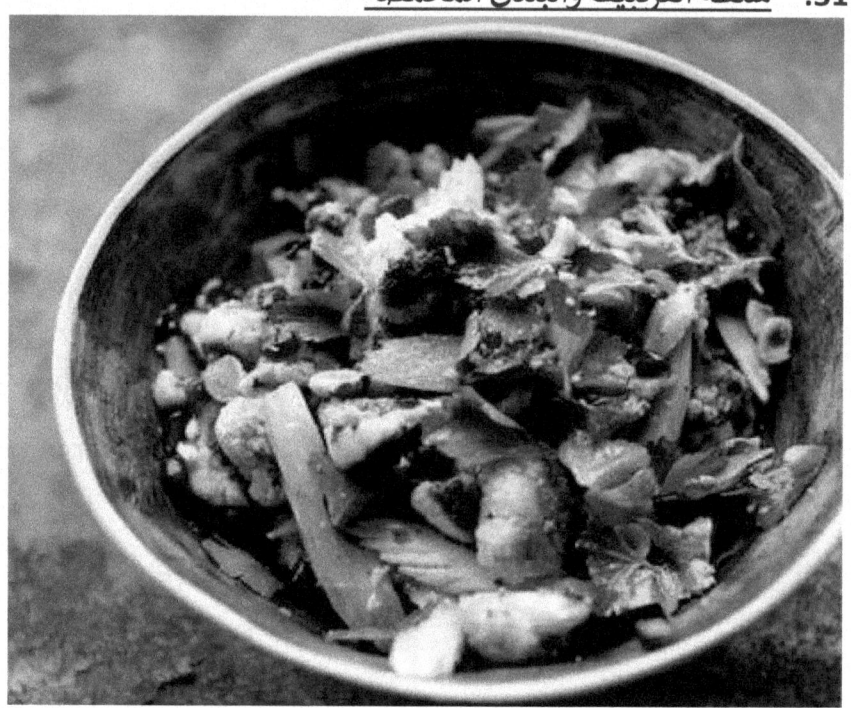

يجعل: 2 إلى 4

مكونات

- 1 رأس قرنبيط، مقسم إلى زهيرات صغيرة (إجمالي 1½ رطل / 660 جم)
- 5 ملاعق زيت زيتون
- 1 ساق كرفس كبيرة، مقطعة بزاوية إلى شرائح ¼ بوصة / 0.5 سم (⅔ كوب / 70 جم إجمالاً)
- 5 ملاعق كبيرة / 30 جرام بندق مع القشرة
- ⅓ كوب / 10 جرام أوراق بقدونس صغيرة الحجم مفرومة
- ⅓ كوب / 50 جرام بذور رمان (من حوالي نصف حبة رمان متوسطة الحجم)
- ¼ ملعقة صغيرة قرفة مطحونة
- ¼ ملعقة صغيرة من البهارات المطحونة
- 1 ملعقة كبيرة خل شيري
- 1½ ملعقة صغيرة شراب القيقب
- الملح والفلفل الأسود المطحون الطازج

تعليمات

a) سخني الفرن إلى 425 درجة فهرنهايت / 220 درجة مئوية.

b) اخلطي القرنبيط مع 3 ملاعق كبيرة من زيت الزيتون، ونصف ملعقة صغيرة من الملح، والقليل من الفلفل الأسود. يُوزّع في صينية تحميص ويُشوى على رف الفرن العلوي لمدة تتراوح بين 25 إلى 35 دقيقة، حتى يصبح القرنبيط مقرمشًا وتتحول أجزاء منه إلى اللون البني الذهبي. ننقله إلى وعاء خلط كبير ونتركه جانباً حتى يبرد.

c) خفض درجة حرارة الفرن إلى 325 درجة فهرنهايت / 170 درجة مئوية. يُوزّع البندق على صينية خبز مبطنة بورق البرشمان ويُحمص لمدة 17 دقيقة.

d) نترك المكسرات لتبرد قليلاً ثم نقطعها بشكل خشن ونضيفها إلى القرنبيط مع باقي الزيت وباقي المكونات. يقلب ويتذوق ويتبل بالملح والفلفل وفقًا لذلك. يقدم في درجة حرارة الغرفة.

32. أجا (فطائر الخبز)

يجعل: حوالي 8 فطائر

مكونات

- 4 شرائح خبز أبيض، منزوعة القشور (3 أونصة / 80 جم إجمالاً)
- 4 بيضات كبيرة جدًا
- 1½ ملعقة صغيرة كمون مطحون
- ½ ملعقة صغيرة بابريكا حلوة
- ¼ ملعقة صغيرة فلفل حريف
- 1 أونصة / 25 جرام من الثوم المعمر المفروم
- 1 أونصة / 25 جم من البقدونس ذو الأوراق المسطحة، المفروم
- ⅓ أوقية / 10 جرام من الطرخون المفروم
- 1½ أوقية / 40 جرام من جبنة الفيتا، مفتتة
- زيت عباد الشمس، للقلي
- الملح والفلفل الأسود المطحون الطازج

تعليمات

a) ننقع الخبز في كمية وفيرة من الماء البارد لمدة دقيقة واحدة، ثم نعصره جيداً.

b) يُفتت الخبز المنقوع في وعاء متوسط الحجم، ثم يُضاف إليه البيض، والبهارات، ونصف ملعقة صغيرة من الملح، ونصف ملعقة صغيرة من الفلفل، ويُخفق جيدًا. تخلط في الأعشاب المفرومة والفيتا.

c) سخني 1 ملعقة كبيرة زيت في مقلاة متوسطة على نار متوسطة عالية. ضعي حوالي 3 ملاعق كبيرة من الخليط في منتصف المقلاة لكل فطيرة ثم قومي بتسويتها باستخدام الجانب السفلي من الملعقة؛ يجب أن يكون سُمك الفطائر من ¾ إلى 1¼ بوصة / 2 إلى 3 سم. اقلي الفطائر لمدة 2 إلى 3 دقائق على كل جانب حتى يصبح لونها بنياً ذهبياً. رد في التذكير. يجب أن تحصل على حوالي 8 فطائر.

d) بدلًا من ذلك، يمكنك قلي كل الخليط مرة واحدة، كما تفعل مع عجة كبيرة. قطعيها وقدميها دافئة أو في درجة حرارة الغرفة.

33. <u>سلطة الجزر الحارة</u>

يجعل: 4

مكونات

- 6 حبات جزر كبيرة مقشرة (حوالي 1½ رطل / 700 جرام إجمالاً)
- 3 ملاعق كبيرة زيت دوار الشمس
- 1 بصلة كبيرة مفرومة ناعماً (2 كوب / 300 جرام إجمالاً)
- 1 ملعقة كبيرةبيلبلتشوماأو 2 ملعقة كبيرة هريسة (من المتجر أوانظر الوصفة)
- ½ ملعقة صغيرة كمون مطحون
- ½ ملعقة صغيرة من بذور الكراوية، مطحونة طازجة
- ½ ملعقة صغيرة سكر
- 3 ملاعق كبيرة من خل التفاح
- 1½ كوب / 30 جرام من أوراق الجرجير
- ملح

تعليمات

a) ضعي الجزر في قدر كبيرة، واغمريه بالماء، واتركيه حتى يغلي. تُخفض الحرارة، ويُغطى، ويُطهى لمدة 20 دقيقة تقريبًا، حتى يصبح الجزر طريًا. قم بتصفية الماء، وعندما يبرد بما يكفي للتعامل معه، قم بتقطيعه إلى شرائح بحجم ¼ بوصة / 0.5 سم.

b) أثناء طهي الجزر، سخني نصف الزيت في مقلاة كبيرة. يُضاف البصل ويُطهى على نار متوسطة لمدة 10 دقائق حتى يصبح لونه بنياً ذهبياً.

c) ضعي البصل المقلي في وعاء خلط كبير وأضيفي إليه البلبلشوما والكمون والكراوية ونصف ملعقة صغيرة من الملح والسكر والخل والزيت المتبقي. أضيفي الجزر وقلّبي جيداً. اتركيه جانباً لمدة 30 دقيقة على الأقل حتى تنضج النكهات.

d) رتبي السلطة على طبق كبير، ورشي عليها الجرجير أثناء التقديم.

34. حانوكاشكشوكة

يجعل: 2 إلى 4

مكونات

- 2 ملعقة كبيرة زيت زيتون
- 2 ملعقة كبيرةبيلبلتشوماأو هريسة (تم شراؤها من المتجر أوانظر الوصفة)
- 2 ملعقة صغيرة معجون طماطم
- 2 حبة فلفل أحمر كبيرة، مقطعة إلى مكعبات بحجم ¼ بوصة / 0.5 سم (2 كوب / 300 جرام إجمالاً)
- 4 فصوص من الثوم، مفرومة ناعماً
- 1 ملعقة صغيرة كمون مطحون
- 5 حبات طماطم كبيرة ناضجة جدًا، مفرومة (5 أكواب / 800 جرام إجمالاً)؛ المعلبة جيدة أيضًا
- 4 بيضات كبيرة الحجم، بالإضافة إلى 4 صفار بيض
- ½ كوب / 120 جرام لبنة (تُشترى من المتجر أوانظر الوصفة) أو الزبادي السميك
- ملح

تعليمات

a) سخني زيت الزيتون في مقلاة كبيرة على نار متوسطة وأضيفي البلبلشوما أو الهريسة ومعجون الطماطم والفلفل والثوم والكمون ونصف ملعقة صغيرة من الملح. يُحرَّك المزيج ويُطهى على نار متوسطة لمدة 8 دقائق تقريبًا حتى ينضج الفلفل. أضيفي الطماطم واتركيها على نار خفيفة واتركيها على نار هادئة لمدة 10 دقائق إضافية حتى تحصلي على صلصة سميكة. طعم للتوابل.

b) اصنعي 8 غموسات صغيرة في الصلصة. اكسري البيض برفق واسكبي كل بيضة بعناية في غمسها الخاص. افعل نفس الشيء مع الصفار. استخدمي شوكة لتقليب بياض البيض قليلًا مع الصلصة، مع الحرص على عدم تكسر الصفار. يُطهى على نار خفيفة لمدة تتراوح بين 8 و10 دقائق، حتى يتماسك بياض البيض ولكن يظل الصفار سائلًا (يمكنك تغطية المقلاة بغطاء إذاكنت ترغب في تسريع العملية).

c) نرفعه عن النار، ونتركه لبضع دقائق حتى يستقر، ثم نسكبه في أطباق فردية ونقدمه مع اللبنة أو الزبادي.

35. قرع الجوز والطحينة

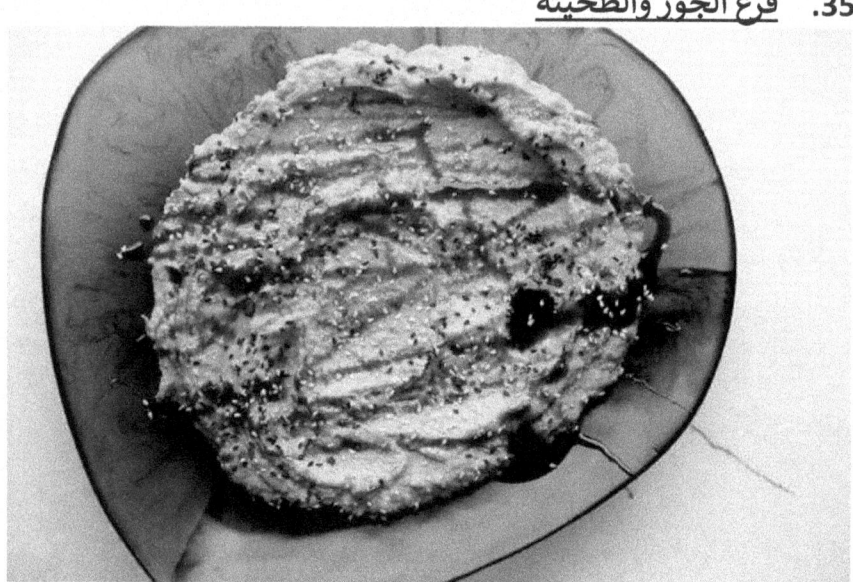

يجعل: 6 إلى 8

مكونات

- 1 قرع كبير جدًا (حوالي 2½ رطل / 1.2 كجم)، مقشر ومقطع إلى قطع (7 أكواب / 970 جم إجمالاً)
- 3 ملاعق زيت زيتون
- 1 ملعقة صغيرة قرفة مطحونة
- 5 ملاعق كبيرة / 70 جرام معجون طحينة خفيف
- نصف كوب / 120 جرام زبادي يوناني
- 2 فص صغير من الثوم، مهروس
- 1 ملعقة صغيرة من بذور السمسم الأسود والأبيض (أو السمسم الأبيض فقط، إذا لم يكن لديك السمسم الأسود)
- 1½ ملعقة صغيرة شراب التمر
- 2 ملعقة كبيرة كزبرة مفرومة (اختياري)
- ملح

تعليمات

a) سخني الفرن إلى 400 درجة فهرنهايت / 200 درجة مئوية.

b) انشر الاسكواش في مقلاة تحميص متوسطة. يُسكب زيت الزيتون ويُرش القرفة ونصف ملعقة صغيرة من الملح. نخلط المكونات جيدًا، ثم نغطي المقلاة بإحكام بورق الألمنيوم، ونحمصها في الفرن لمدة 70 دقيقة مع التحريك مرة واحدة أثناء الطهي. إزالة من الفرن وتترك لتبرد.

c) انقلي القرع إلى محضرة الطعام مع الطحينة واللبن والثوم. اطحني المكونات جيدًا حتى يتم دمج كل شيء في عجينة خشنة، دون أن يصبح الدهن ناعمًا؛ يمكنك أيضًا القيام بذلك يدويًا باستخدام شوكة أو هراسة البطاطس.

d) يُوزّع الجوز بشكل متموج على طبق مسطح ويُرش ببذور السمسم ويُرش فوق الشراب ويُختتم بالكزبرة في حالة استخدامه.

36. سلطة البنجر الحار والكراث والجوز

مكونات

- 4 حبات شمندر متوسطة الحجم (⅓ رطل / 600 جرام إجمالاً بعد الطهي والتقشير)
- 4 كراثات متوسطة الحجم، مقطعة إلى شرائح مقاس 4 بوصة / 10 سم (4 أكواب / 360 جم إجمالاً)
- ½ أونصة / 15 جم من الكزبرة المفرومة بشكل خشن
- ¼ كوب / 25 جرام جرجير
- ⅓ كوب / 50 جرام بذور الرمان (اختياري)
- خلع الملابس
- 1 كوب / 100 جرام من الجوز المفروم خشناً
- 4 فصوص من الثوم، مفرومة ناعماً
- ½ ملعقة صغيرة رقائق تشيلي
- ¼ كوب / 60 مل من خل التفاح
- 2 ملعقة كبيرة ماء التمر الهندي
- ½ ملعقة صغيرة زيت الجوز
- 2½ ملعقة كبيرة زيت الفول السوداني
- 1 ملعقة صغيرة ملح

تعليمات

a) سخني الفرن إلى 425 درجة فهرنهايت / 220 درجة مئوية.

b) لف البنجر بشكل فردي بورق الألمنيوم وشويه في الفرن لمدة ساعة إلى ساعة ونصف حسب حجمه. بمجرد طهيها، يجب أن تكون قادرًا على غرس سكين صغير في المنتصف بسهولة. إزالة من الفرن وتوضع جانبا لتبرد.

c) بمجرد أن يبرد بدرجة كافية للتعامل معه، قشر البنجر، وقسمه إلى نصفين، ثم قطع كل نصف إلى أسافين يبلغ سمكها ⅜ بوصة / 1 سم عند القاعدة. يوضع في وعاء متوسط الحجم ويترك جانباً.

d) ضعي الكراث في مقلاة متوسطة بها ماء مملح، واتركيه حتى يغلي، واتركيه على نار خفيفة لمدة 10 دقائق، حتى ينضج تمامًا؛ من المهم طهيها على نار خفيفة بلطف وعدم الإفراط في طهيها حتى لا تنهار. قم بتصفيتها وتبريدها تحت الماء البارد، ثم استخدم سكينًا مسننًا حادًا جدًا لتقطيع كل قطعة إلى 3 قطع أصغر واتركها حتى تجف. يُنقل إلى وعاء، ويُفصل عن البنجر، ويُترك جانبًا.

e) أثناء طهي الخضار، اخلطي جميع مكونات الصلصة معًا واتركيها جانبًا لمدة 10 دقائق على الأقل حتى تمتزج جميع النكهات معًا.

f) تُقسم صلصة الجوز والكزبرة بالتساوي بين البنجر والكراث وتُقلب بلطف. تذوقي الاثنين وأضيفي المزيد من الملح إذا لزم الأمر.

g) لتجميع السلطة معًا، وزعي معظم البنجر على طبق التقديم، ثم ضعي فوقه بعض الجرجير، ثم معظم الكراث، ثم البنجر المتبقي، وانتهي بالمزيد من الكراث والجرجير. يرش فوقها بذور الرمان، في حالة استخدامه، ويقدم.

37. بامية مشوية مع الطماطم

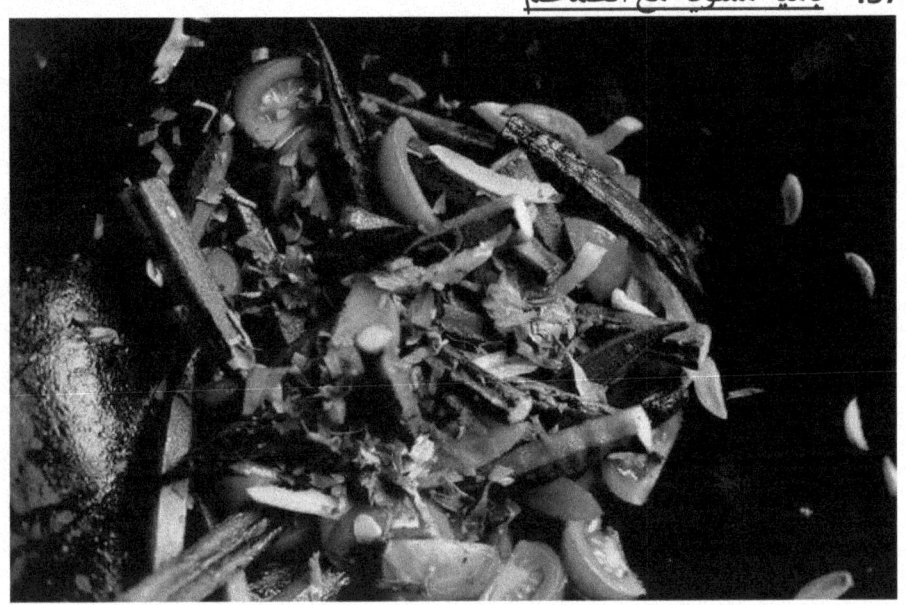

يجعل: 2 كطبق جانبي

مكونات

- ½10 أونصة / 300 جرام بامية صغيرة أو صغيرة جدًا
- 2 ملعقة كبيرة زيت زيتون، بالإضافة إلى المزيد إذا لزم الأمر
- 4 فصوص من الثوم، مقطعة إلى شرائح رفيعة
- ⅔ أونصة / 20 جم من قشر الليمون المحفوظ (يتم شراؤه من المتجر أوانظر الوصفة) مقطعة إلى شرائح مقاس ⅜ بوصة / 1 سم
- 3 حبات طماطم صغيرة (إجمالي 7 أونصة / 200 جرام)، مقطعة إلى 8 شرائح، أو طماطم كرزية مقطعة إلى نصفين
- 1½ ملعقة صغيرة من البقدونس ذو الأوراق المسطحة المفرومة
- 1½ ملعقة صغيرة كزبرة مفرومة
- 1 ملعقة كبيرة عصير ليمون طازج
- ملح البحر مالدون والفلفل الأسود المطحون الطازج

تعليمات

a) باستخدام سكين فواكه صغير وحاد، قم بتقليم قرون البامية، مع إزالة الجذع الموجود أعلى القرنة مباشرةً حتى لا تنكشف البذور.

b) ضعي مقلاة كبيرة ذات قاع ثقيل على نار عالية واتركيها لبضع دقائق. عندما تصبح حمراء تقريبًا، أضف البامية على دفعتين واطهيها جافًا، مع رج المقلاة من حين لآخر لمدة 4 دقائق لكل دفعة. يجب أن تحتوي قرون البامية على نفطة داكنة في بعض الأحيان.

c) أعيدي كل البامية المتفحمة إلى المقلاة وأضيفي إليها زيت الزيتون والثوم والليمون المحفوظ. يقلى لمدة دقيقتين مع رج المقلاة. خففي النار إلى متوسطة وأضيفي الطماطم، وملعقتين كبيرتين من الماء، والأعشاب المفرومة، وعصير الليمون، ونصف ملعقة صغيرة من الملح والقليل من الفلفل الأسود. حرك كل شيء معًا بلطف، حتى لا تتفتت الطماطم، واستمر في الطهي لمدة 2 إلى 3 دقائق، حتى تسخن الطماطم. ننقلها إلى طبق التقديم، ونرش عليها المزيد من زيت الزيتون، ونضيف رشة من الملح، ونقدمها.

38. باذنجان محروق مع بذور الرمان

يصنع: 4 قطع كجزء من طبق المقبلات

مكونات

- 4 حبات باذنجان كبيرة (3⅓ رطل / 1.5 كجم قبل الطهي؛ 2½ كوب / 550 جم بعد حرق اللحم وتصفيته)
- 2 فص ثوم، مطحون
- قشر مبشور من 1 ليمونة و 2 ملعقة كبيرة من عصير الليمون الطازج
- 5 ملاعق زيت زيتون
- 2 ملعقة كبيرة من البقدونس ذو الأوراق المسطحة المفرومة
- 2 ملعقة كبيرة نعناع مفروم
- بذور ½ حبة رمان كبيرة (½ كوب / 80 جم إجمالاً)
- الملح والفلفل الأسود المطحون الطازج

تعليمات

a) إذا كان لديك نطاق غاز، قم بتبطين القاعدة بورق الألمنيوم لحمايتها، مع إبقاء الشعلات فقط مكشوفة. ضعي الباذنجان مباشرة على أربع مواقد غاز منفصلة ذات لهب متوسط وشوي الباذنجان لمدة 15 إلى 18 دقيقة، حتى يحترق الجلد ويتقشر ويصبح اللحم طريًا. استخدم الملقط المعدني لقلبها من حين لآخر. بدلًا من ذلك، قم بتقطيع الباذنجان بالسكين في عدة أماكن، بعمق حوالي ¾ بوصة / 2 سم، ثم ضعه على صينية خبز تحت شواية ساخنة لمدة ساعة تقريبًا. اقلبها كل 20 دقيقة أو نحو ذلك واستمر في الطهي حتى لو انفجرت وتكسرت.

b) ارفعي الباذنجان عن النار واتركيه ليبرد قليلاً. عندما تبرد بدرجة كافية للتعامل معها، اقطعي فتحة على طول كل حبة باذنجان واستخرجي منها اللب الناعم وقسميها بيديك إلى شرائح رفيعة طويلة. تخلص من الجلد. صفي اللحم في مصفاة لمدة ساعة على الأقل، ويفضل لفترة أطول، للتخلص من أكبر قدر ممكن من الماء.

c) ضعي لب الباذنجان في وعاء متوسط الحجم وأضيفي إليه الثوم، عصير وقشر الليمون، زيت الزيتون، نصف ملعقة صغيرة ملح، وطحن جيد من الفلفل الأسود. يُحرَّك الباذنجان ويُترك لينقع في درجة حرارة الغرفة لمدة ساعة على الأقل.

d) عندما تصبح جاهزًا للتقديم، قم بخلط معظم الأعشاب وتذوق التوابل. نرتبها في طبق التقديم، وننثر عليها بذور الرمان، ونزينها بالأعشاب المتبقية.

39. سلطة البقدونس والشعير

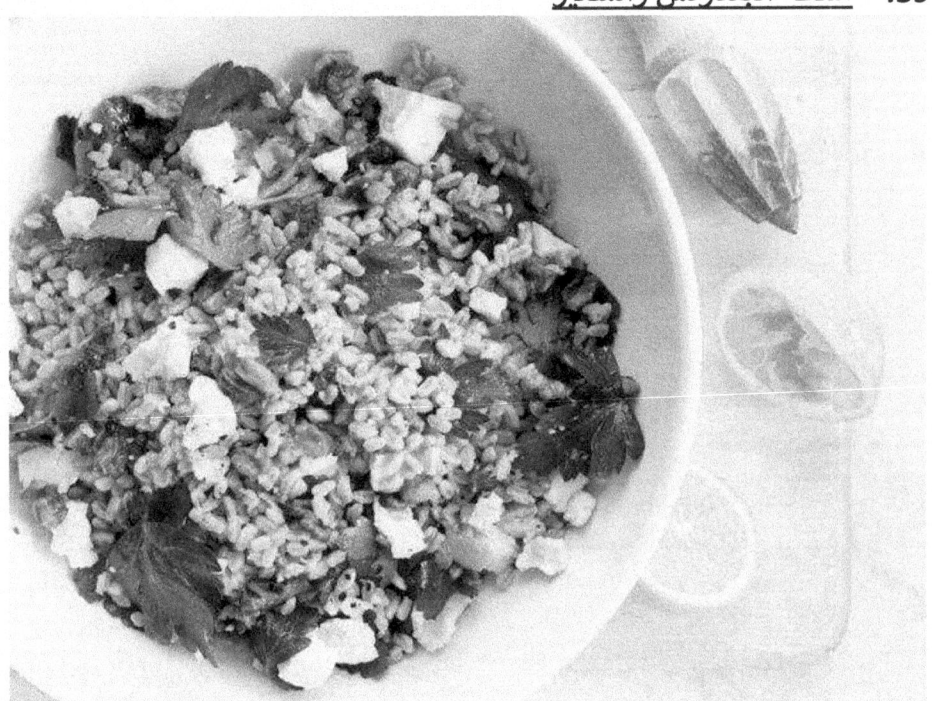

يجعل: 4

مكونات

- ربع كوب / 40 جرام من الشعير
- 5 أونصة / 150 جرام من جبنة الفيتا
- 5½ ملعقة كبيرة زيت زيتون
- 1 ملعقة صغيرة زعتر
- ½ ملعقة صغيرة من بذور الكزبرة، محمصة قليلاً ومطحونة
- ¼ ملعقة صغيرة كمون مطحون
- 3 أونصة / 80 جرام من البقدونس ذو الأوراق المسطحة والأوراق والسيقان الناعمة
- 4 بصل أخضر، مفروم ناعمًا (⅓ كوب / 40 جم إجمالاً)
- 2 فص ثوم، مطحون
- ⅓ كوب / 40 جرام من جوز الكاجو المحمص قليلاً والمطحون خشناً
- 1 حبة فلفل أخضر، منزوعة البذور ومقطعة إلى مكعبات بحجم ⅜ بوصة / 1 سم
- ½ ملعقة صغيرة من البهارات المطحونة
- 2 ملعقة كبيرة عصير ليمون طازج
- الملح والفلفل الأسود المطحون الطازج

تعليمات

a) ضع الشعير اللؤلؤي في قدر صغير، ثم غطيه بكمية كبيرة من الماء، واتركه يغلي لمدة 30 إلى 35 دقيقة، حتى يصبح طريًا ولكن مع قضمة. يُسكب في منخل ناعم، ويُرج للتخلص من كل الماء، ثم يُنقل إلى وعاء كبير.

b) قسمي جبنة الفيتا إلى قطع خشنة يبلغ حجمها حوالي ¾ بوصة / 2 سم، واخلطيها في وعاء صغير مع 1½ ملعقة كبيرة من زيت الزيتون والزعتر وبذور الكزبرة والكمون. امزجي المكونات معًا بلطف واتركيها لتتبل أثناء تحضير بقية السلطة.

c) نقطع البقدونس ناعماً ونضعه في وعاء مع البصل الأخضر والثوم والكاجو والفلفل والبهارات وعصير الليمون وما تبقى من زيت الزيتون والشعير المطبوخ. تخلط معا جيدا وتتبل حسب الذوق. للتقديم، قسمي السلطة على أربعة أطباق وضعي فوقها جبنة الفيتا المتبلة.

40. سلطة الكوسة والطماطم

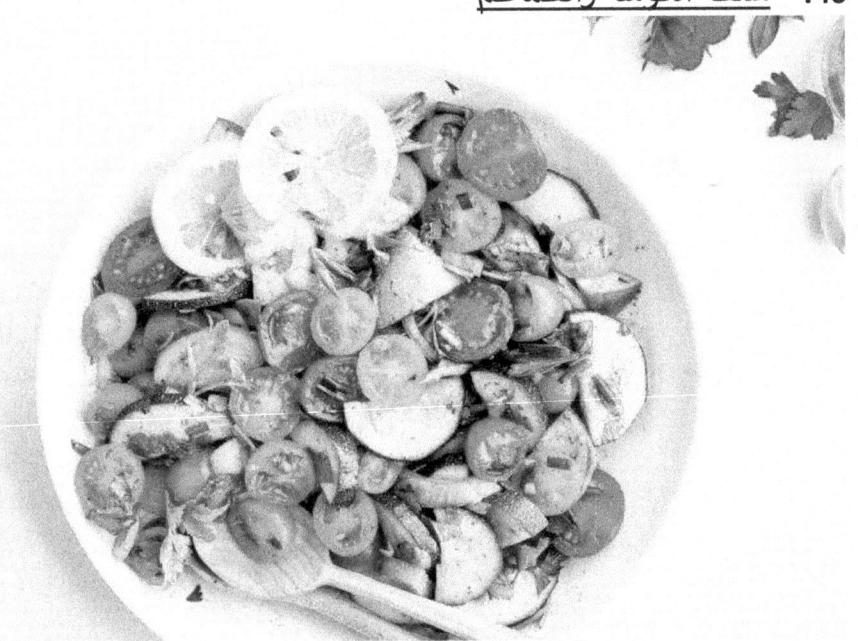

يجعل: 6

مكونات

- 8 كوسة خضراء شاحبة أو كوسة عادية (حوالي 2¼ رطل / 1 كجم إجمالاً)
- 5 حبات طماطم كبيرة ناضجة جدًا (إجمالي 1¾ رطل / 800 جرام)
- 3 ملاعق كبيرة زيت زيتون، بالإضافة إلى كمية إضافية للتقديم
- 2½ كوب / 300 جرام زبادي يوناني
- 2 فص ثوم، مطحون
- 2 فلفل أحمر حار، منزوع البذور ومفروم
- قشر مبشور ليمونة متوسطة الحجم و2 ملعقة كبيرة عصير ليمون طازج
- 1 ملعقة كبيرة شراب التمر، بالإضافة إلى كمية إضافية للتقديم
- 2 كوب / 200 جرام من الجوز المفروم خشناً
- 2 ملعقة كبيرة نعناع مفروم
- ⅔ أوقية / 20 جرام من البقدونس ذو الأوراق المسطحة، المفروم
- الملح والفلفل الأسود المطحون الطازج

تعليمات

a) سخني الفرن إلى 425 درجة فهرنهايت / 220 درجة مئوية. ضع مقلاة صينية مضلعة على نار عالية.

b) نقطع الكوسة ونقطعها إلى نصفين بالطول. نصف الطماطم أيضًا. دهن الكوسة والطماطم بزيت الزيتون على الجانب المقطوع وتتبل بالملح والفلفل.

c) الآن يجب أن تكون صينية الشواية ساخنة. ابدأ بالكوسة. ضعي القليل منها في المقلاة، وقطعي جانبها لأسفل، واطهيها لمدة 5 دقائق؛ يجب أن تكون الكوسة متفحمة بشكل جيد من جانب واحد. الآن قم بإزالة الكوسة وكرر نفس العملية مع الطماطم. ضعي الخضار في صينية تحميص وأدخليها إلى الفرن لمدة 20 دقيقة تقريباً، حتى تنضج الكوسة تماماً.

d) نخرج الصينية من الفرن، ونترك الخضار حتى تبرد قليلاً. نقطعها بشكل خشن ونتركها حتى تصفى في مصفاة لمدة 15 دقيقة.

e) اخفقي الزبادي والثوم والفلفل الحار وقشر الليمون وعصيره ودبس السكر في وعاء خلط كبير. أضيفي الخضار المقطعة والجوز والنعناع ومعظم البقدونس وقلبي جيدًا. يتبل بنصف ملعقة صغيرة من الملح والقليل من الفلفل.

f) انقلي السلطة إلى طبق تقديم كبير وغير عميق ووزعيها. يُزيّن بالبقدونس المتبقي. وأخيرًا، ضعي القليل من شراب التمر وزيت الزيتون.

41. تبولة

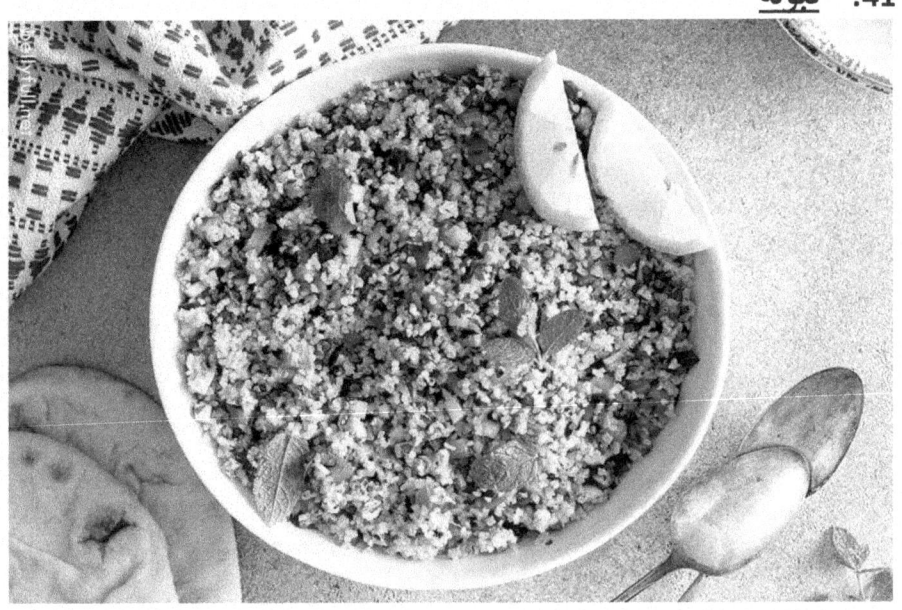

يجعل: 4 بسخاء

مكونات

- نصف كوب / 30 جرام من البرغل الناعم
- 2 طماطم كبيرة، ناضجة ولكن متماسكة (إجمالي 10½ أونصة / 300 جرام)
- 1 كراث، مفروم ناعمًا (3 ملاعق كبيرة / 30 جم إجمالاً)
- 3 ملاعق كبيرة من عصير الليمون الطازج، بالإضافة إلى كمية إضافية للتقديم
- 4 عناقيد كبيرة من البقدونس ذات الأوراق المسطحة (إجمالي 5½ أونصة / 160 جم)
- 2 باقة نعناع (1 أونصة / 30 جم إجمالاً)
- 2 ملعقة صغيرة من البهارات المطحونة
- 1 ملعقة صغيرة بهارات بهارات مشكلة (من المتجر أوانظر الوصفة)
- ½ كوب / 80 مل زيت زيتون عالي الجودة
- بذور حوالي نصف حبة رمان كبيرة (½ كوب / 70 جم إجمالاً)، اختياري
- الملح والفلفل الأسود المطحون الطازج

تعليمات

a) نضع البرغل في منخل ناعم ونضعه تحت الماء البارد حتى تبدو المياه القادمة صافية ويزال معظم النشا. نقل إلى وعاء خلط كبير.

b) استخدمي سكينًا مسننًا صغيرًا لتقطيع الطماطم إلى شرائح بسمك 0.5 سم. قطعي كل شريحة إلى شرائح بحجم ¼ بوصة / 0.5 سم ثم إلى مكعبات. أضيفي الطماطم وعصائرها إلى الوعاء، بالإضافة إلى الكراث وعصير الليمون، وقلبي جيدًا.

c) خذ بضعة أغصان من البقدونس واجمعها معًا بإحكام. استخدم سكينًا كبيرًا وحادًا جدًا لقص معظم السيقان والتخلص منها. استخدم الآن السكين لتحريك السيقان والأوراق لأعلى، ثم قم "بتغذية" السكين تدريجيًا لتقطيع البقدونس جيدًا قدر الإمكان وحاول تجنب قطع قطع أكبر من 16/1 بوصة / 1 مم. أضف إلى الوعاء.

d) قطف أوراق النعناع من السيقان، ثم اجمع القليل منها معًا بإحكام، وقم بتمزيقها جيدًا كما فعلت مع البقدونس؛ لا تقطعها كثيرًا لأنها تميل إلى تغير لونها. أضف إلى الوعاء.

e) أخيرًا، أضيفي البهارات، والبهارات، وزيت الزيتون، والرمان، إذا كنت تستخدمين، وبعض الملح والفلفل. تذوقي وأضيفي المزيد من الملح والفلفل إذا أردت، وربما القليل من عصير الليمون، وقدميه.

42. <u>بطاطا مشوية مع الكراميل والخوخ</u>

يجعل: 4

مكونات

- 2½ رطل / 1 كجم من البطاطس الطحينية، مثل الروست
- نصف كوب / 120 مل من دهن الإوز
- 5 أونصة / 150 جم من البرقوق الناعم الكامل، منزوع النوى
- نصف كوب / 90 جرام سكر ناعم
- 3½ ملعقة كبيرة / 50 مل ماء مثلج
- ملح

تعليمات

a) سخني الفرن إلى 475 درجة فهرنهايت / 240 درجة مئوية.

b) قشر البطاطس واترك الصغيرة كاملة واقطع الكبيرة إلى النصف، بحيث تحصل في النهاية على قطع يبلغ وزنها حوالي 2 أونصة / 60 جرامًا. اشطفيها تحت الماء البارد، ثم ضعي البطاطس في وعاء كبير به الكثير من الماء البارد العذب. يُغلى المزيج ويُترك على نار خفيفة لمدة 8 إلى 10 دقائق. - صفي البطاطس جيدًا، ثم قومي بهز المصفاة حتى تصبح حوافها خشنة.

c) ضعي دهن الإوز في مقلاة تحميص وسخنيه في الفرن حتى يدخن، حوالي 8 دقائق. أخرجي المقلاة من الفرن بعناية وأضيفي البطاطس المسلوقة إلى الدهن الساخن باستخدام ملقط معدني، ثم دحرجيها في الدهن أثناء قيامك بذلك. ضعي المقلاة بلطف على الرف العلوي من الفرن واطهيها لمدة تتراوح بين 50 إلى 65 دقيقة، أو حتى تصبح البطاطس ذهبية اللون ومقرمشة من الخارج. اقلبيها من وقت لآخر أثناء طهيها.

d) بمجرد أن تصبح البطاطس جاهزة تقريبًا، أخرجي الصينية من الفرن وضعيها فوق وعاء عازل للحرارة لإزالة معظم الدهون. أضيفي نصف ملعقة صغيرة من الملح والخوخ وقلبي بلطف. العودة إلى الفرن لمدة 5 دقائق أخرى.

e) خلال هذا الوقت، حضري الكراميل. ضعي السكر في قدر نظيفة ذات قاع ثقيل، ثم ضعيه على نار خفيفة. دون التحريك، شاهد السكر يتحول إلى لون الكراميل الغني. تأكد من إبقاء عينيك على السكر في جميع الأوقات. بمجرد وصولك إلى هذا اللون، ارفعي المقلاة عن النار. أمسك المقلاة على مسافة آمنة من وجهك، ثم اسكب الماء المثلج بسرعة على الكراميل لمنعه من الطهي. يُعاد إلى النار ويُحرَّك لإزالة أي كتل سكر.

f) قبل التقديم، أضيفي الكراميل إلى البطاطس والخوخ. ننقله إلى وعاء التقديم ونتناوله مرة واحدة.

43. <u>السلق السويسري مع الطحينة واللبن والصنوبر بالزبدة</u>

يجعل: 4

مكونات

- 2¾ رطل / 1.3 كجم سلق سويسري
- 2½ ملعقة كبيرة / 40 جرام زبدة غير مملحة
- 2 ملعقة كبيرة زيت زيتون، بالإضافة إلى كمية إضافية للتقديم
- 5 ملاعق كبيرة / 40 جرام صنوبر
- 2 فصوص ثوم صغيرة، مقطعة إلى شرائح رفيعة جدًا
- ¼ كوب / 60 مل من النبيذ الأبيض الجاف
- بابريكا حلوة للتزيين (اختياري)
- الملح والفلفل الأسود المطحون الطازج

صلصة الطحينة والزبادي

- 3½ ملعقة كبيرة / 50 جرام معجون طحينة خفيف
- 4½ ملعقة كبيرة / 50 جرام زبادي يوناني
- 2 ملعقة كبيرة عصير ليمون طازج
- 1 فص ثوم، مطحون
- 2 ملعقة كبيرة ماء

تعليمات

a) ابدأ بالصلصة. ضعي جميع المكونات في وعاء متوسط الحجم، وأضيفي قليلًا من الملح، وحركيها جيدًا باستخدام مضرب صغير حتى تحصلي على عجينة ناعمة وشبه صلبة. اجلس جانبا.

b) استخدمي سكينًا حادًا لفصل سيقان السلق البيضاء عن الأوراق الخضراء وقطعيها إلى شرائح بعرض ¾ بوصة / 2 سم، مع إبقائها منفصلة. يُغلى وعاء كبير من الماء المملح ويُضاف إليه سيقان السلق. يُطهى على نار خفيفة لمدة دقيقتين، وتُضاف الأوراق، وتُطهى لمدة دقيقة أخرى. يُصفى ويُشطف جيدًا تحت الماء البارد. اترك الماء يصفى ثم استخدم يديك للضغط على السلق حتى يجف تمامًا.

c) ضعي نصف كمية الزبدة وملعقتين كبيرتين من زيت الزيتون في مقلاة كبيرة وضعيها على نار متوسطة. عندما يسخن، أضيفي الصنوبر وقلبيه في المقلاة حتى يصبح ذهبي اللون، لمدة دقيقتين تقريبًا. استخدمي ملعقة مثقوبة لإخراجها من المقلاة، ثم أضيفي الثوم. اطهيها لمدة دقيقة تقريبًا، حتى تبدأ في أن تصبح ذهبية اللون. بعناية (سوف يبصق!) صب في النبيذ. اتركيه لمدة دقيقة أو أقل، حتى يقل إلى حوالي الثلث. يُضاف السلق وبقية الزبدة ويُطهى لمدة تتراوح بين 2 إلى 3 دقائق مع التحريك من حين لآخر حتى يصبح السلق دافئًا تمامًا. يُتبل بنصف ملعقة صغيرة من الملح والقليل من الفلفل الأسود.

d) يُقسم السلق في أوعية التقديم الفردية، ويُسكب فوقه بعض صلصة الطحينة، ويُنثر عليه الصنوبر. أخيرًا، رشي زيت الزيتون ورشي القليل من البابريكا إذا أردت.

44. حنوكا صبيح

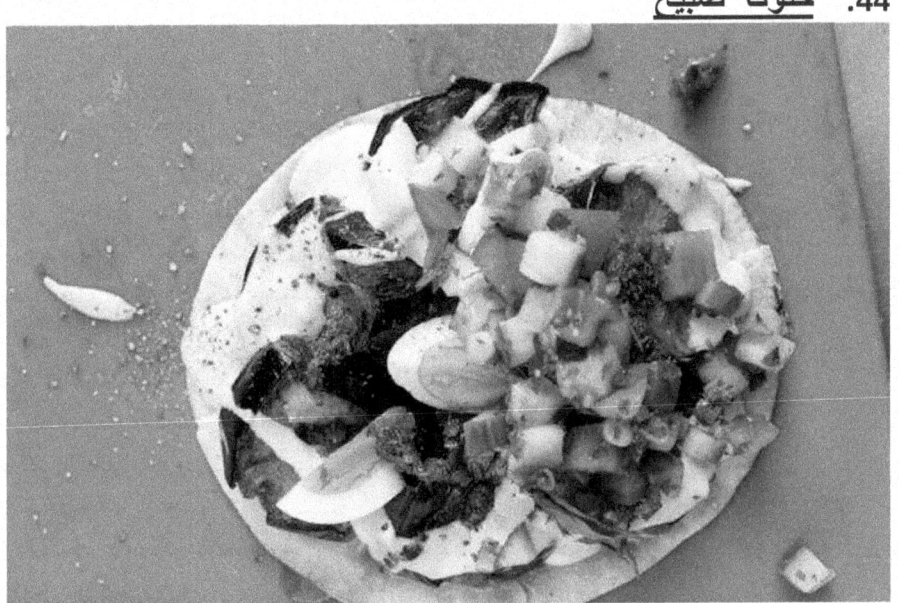

يجعل: 4

مكونات

- 2 باذنجان كبير (حوالي 1⅔ رطل / 750 جم إجمالاً)
- حوالي ¼ كوب / 300 مل زيت دوار الشمس
- 4 شرائح خبز أبيض عالي الجودة، محمص، أو خبز بيتا صغير طازج ورطب
- 1 كوب / 240 ملصلصة الطحينة
- 4 بيضات كبيرة الحجم، مسلوقة ومقشرة ومقطعة إلى شرائح بسمك ⅜ بوصة / 1 سم أو مقطعة إلى أرباع
- حوالي 4 ملاعق كبيرةتشوغ
- أمبا أو مخلل المانجو اللذيذ (اختياري)
- الملح والفلفل الأسود المطحون الطازج

سلطة مقطعة

- 2 طماطم ناضجة متوسطة الحجم، مقطعة إلى مكعبات بحجم ⅜ بوصة / 1 سم (حوالي 1 كوب / 200 جرام إجمالاً)
- 2 خيارة صغيرة، مقطعة إلى مكعبات بحجم ⅜ بوصة / 1 سم (حوالي 1 كوب / 120 جرام إجمالاً)
- 2 بصل أخضر، مقطع إلى شرائح رفيعة
- 1½ ملعقة كبيرة من البقدونس ذو الأوراق المسطحة المفرومة
- 2 ملعقة صغيرة عصير ليمون طازج
- 1½ ملعقة كبيرة زيت زيتون

تعليمات

a) استخدم مقشرة الخضار لتقشير شرائح الباذنجان من أعلى إلى أسفل، مع ترك الباذنجان مع شرائح متناوبة من الجلد الأسود واللحم الأبيض، مثل الحمار الوحشي. قطعي الباذنجان بالعرض إلى شرائح بسمك 1 بوصة / 2.5 سم. نرشها على الجانبين بالملح، ثم نفردها على صينية خبز ونتركها لمدة 30 دقيقة على الأقل لإزالة بعض الماء. استخدم المناشف الورقية لمسحها.

b) سخني زيت دوار الشمس في مقلاة واسعة. بعناية - يبصق الزيت - تقلى شرائح الباذنجان على دفعات حتى تصبح طرية ومظلمة، مع التقليب مرة واحدة، لمدة 6 إلى 8 دقائق إجمالاً. أضف الزيت إذا لزم الأمر أثناء طهي الدفعات. عندما تنضج، يجب أن تكون قطع الباذنجان طرية تمامًا من المنتصف. أخرجه من المقلاة وجففه على المناشف الورقية.

c) اصنعي السلطة المفرومة عن طريق خلط جميع المكونات معًا وتتبيلها بالملح والفلفل حسب الرغبة.

d) قبل التقديم مباشرة، ضعي شريحة واحدة من الخبز أو البيتا على كل طبق. ضعي ملعقة كبيرة من صلصة الطحينة فوق كل شريحة، ثم رتبي شرائح الباذنجان فوقها بشكل متداخل. رشي المزيد من الطحينة ولكن دون تغطية شرائح الباذنجان بالكامل. تبلي كل شريحة بيضة بالملح والفلفل ثم رتبيها فوق الباذنجان. قم برش المزيد من الطحينة في الأعلى ثم قم بسكب كمية من الزوغ حسب رغبتك؛ كن حذرا، الجو حار! ملعقة فوق مخلل المانجو أيضًا، إذا أردت. تُقدم سلطة الخضار بجانبها، ويُضاف القليل منها فوق كل وجبة إذا رغبت في ذلك.

45. <u>لاتكس</u>

العدد: 12 قطعة

مكونات

- ½ 5 أكواب / 600 جرام من البطاطس المقشرة والمبشورة مثل يوكون جولد
- ¾ 2 كوب / 300 جرام من الجزر الأبيض المقشر والمبشور
- ⅔ كوب / 30 جرام من الثوم المعمر المفروم ناعماً
- 4 بياض بيض
- 2 ملعقة كبيرة نشا الذرة
- 5 ملاعق كبيرة / 80 جرام زبدة غير مملحة
- 6½ ملعقة كبيرة / 100 مل زيت دوار الشمس
- الملح والفلفل الأسود المطحون الطازج
- كريمة حامضة، للتقديم

تعليمات

a) اشطفي البطاطس في وعاء كبير من الماء البارد. صفيها من الماء في مصفاة، واعصريها للتخلص من الماء الزائد، ثم ضعي البطاطس على منشفة مطبخ نظيفة حتى تجف تمامًا.

b) في وعاء كبير، اخلطي البطاطس والجزر الأبيض والثوم المعمر وبياض البيض ونشا الذرة وملعقة صغيرة من الملح والكثير من الفلفل الأسود.

c)

d) سخني نصف الزبدة ونصف الزيت في مقلاة كبيرة على نار متوسطة إلى عالية. استخدمي يديك لاختيار أجزاء من حوالي ملعقتين كبيرتين من مزيج اللاتيه، ثم اضغطي بقوة لإزالة بعض السائل، وشكليها على شكل أقراص رفيعة يبلغ سمكها حوالي 8/3 بوصة / 1 سم وقطرها 3¼ بوصة / 8 سم. ضع بعناية أكبر عدد ممكن من المسطحات التي يمكنك وضعها بشكل مريح في المقلاة، وادفعها للأسفل برفق، ثم قم بتسويتها بظهر الملعقة. تقلى على نار متوسطة الحرارة لمدة 3 دقائق على كل جانب. يجب أن تكون اللاتكات بنية بالكامل من الخارج. أخرجي شرائح الخبز المقلية من الزيت، ضعيها على مناشف ورقية، واتركيها دافئة أثناء طهي الباقي. أضف الزبدة المتبقية والزيت حسب الحاجة. يقدم على الفور مع الكريمة الحامضة على الجانب.

46. حنوكا فلافل

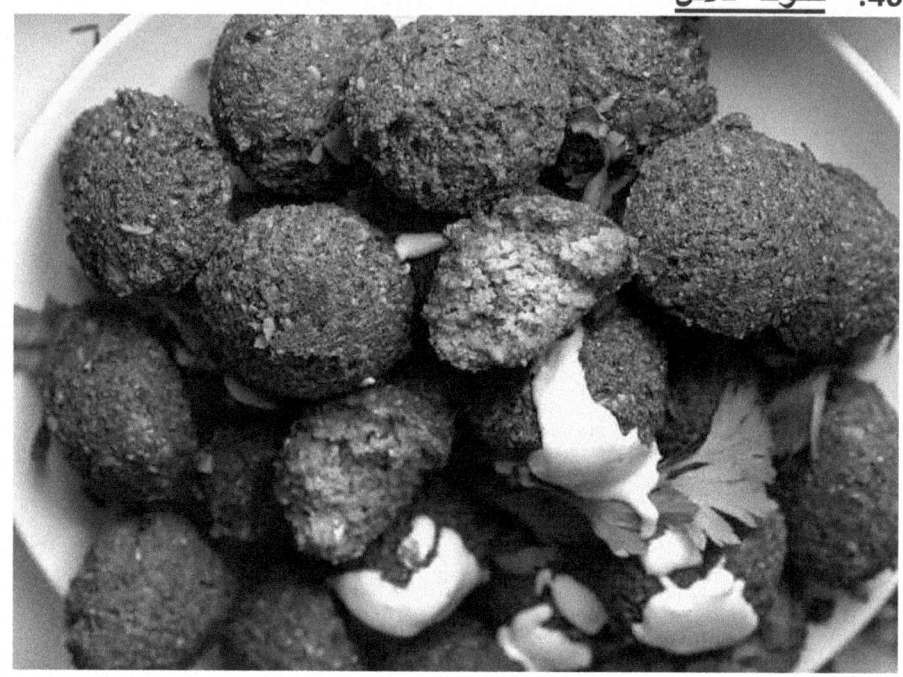

يصنع: حوالي 20 كرة

مكونات

- ¼ كوب / 250 جرام حمص مجفف
- ½ بصلة متوسطة مفرومة ناعماً (½ كوب / 80 جم إجمالاً)
- 1 فص ثوم، مطحون
- 1 ملعقة كبيرة أوراق بقدونس مسطحة مفرومة ناعماً
- 2 ملعقة كبيرة كزبرة مفرومة ناعماً
- ¼ ملعقة صغيرة فلفل حريف
- ½ ملعقة صغيرة كمون مطحون
- ½ ملعقة صغيرة كزبرة مطحونة
- ¼ ملعقة صغيرة هيل مطحون
- ½ ملعقة صغيرة بيكنج بودر
- 3 ملاعق كبيرة ماء
- 1½ ملعقة كبيرة دقيق متعدد الأغراض
- حوالي 3 أكواب / 750 مل زيت دوار الشمس للقلي العميق
- ½ ملعقة صغيرة سمسم للتغليف
- ملح

تعليمات

a) ضعي الحمص في وعاء كبير، واغمريه بالماء البارد على الأقل ضعف حجمه. توضع جانباً لتنقع طوال الليل.

b) في اليوم التالي، صفي الحمص جيدًا واخلطيه مع البصل والثوم والبقدونس والكزبرة. للحصول على أفضل النتائج، استخدم مفرمة اللحم للجزء التالي. ضعي خليط الحمص مرة واحدة في الماكينة، واضبطيه على أفضل وضع، ثم مرريه في الماكينة للمرة الثانية. إذا لم يكن لديك مفرمة لحم، استخدمي محضرة الطعام. قم بضرب المزيج على دفعات، واخفق كل منها لمدة 30 إلى 40 ثانية، حتى يتم تقطيعه جيدًا، ولكن ليس طريًا أو فطيرة، ويتماسك معًا. بعد تجهيزها، أضيفي البهارات، ومسحوق الخبز، ونصف ملعقة صغيرة من الملح، والدقيق، والماء. تخلط جيدا باليد حتى تصبح ناعمة وموحدة. غطي الخليط واتركيه في الثلاجة لمدة ساعة على الأقل، أو حتى يصبح جاهزًا للاستخدام.

c) املأ قدرًا متوسطًا عميقًا وثقيل القاع بكمية كافية من الزيت بحيث يصل ارتفاعه إلى 2¾ بوصة / 7 سم على جوانب المقلاة. سخني الزيت إلى 350 درجة فهرنهايت / 180 درجة مئوية.

d) باستخدام الأيدي المبللة، اضغط على ملعقة كبيرة من الخليط في راحة يدك لتكوين قرص أو كرة بحجم حبة جوز صغيرة، حوالي 1 أونصة / 25 جم (يمكنك أيضًا استخدام مغرفة آيس كريم مبللة لهذا الغرض)).

e) رشي الكرات بالتساوي ببذور السمسم واقليها على دفعات لمدة 4 دقائق حتى تتحمر جيدًا وتنضج. من المهم أن تجف تمامًا من الداخل، لذا تأكد من حصولها على وقت كافٍ في الزيت. صفيها في مصفاة مبطنة بالمناشف الورقية وقدميها فورًا.

47. توت القمح والسلق السويسري مع دبس الرمان

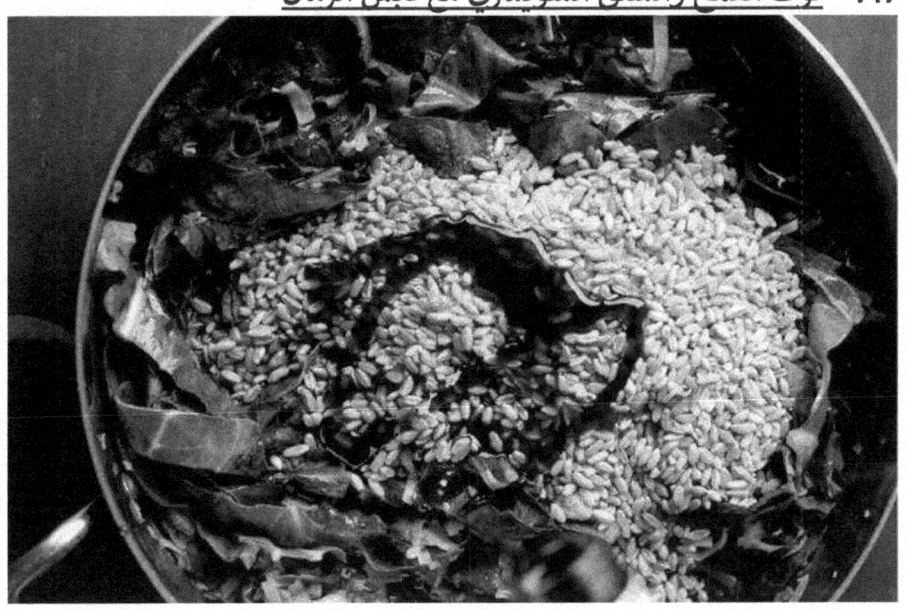

يجعل: 4

مكونات

- ½ رطل / 600 جرام من السلق السويسري أو السلق
- 2 ملعقة كبيرة زيت زيتون
- 1 ملعقة كبيرة زبدة غير مملحة
- 2 كراث كبير، أجزاء بيضاء وخضراء شاحبة، مقطعة إلى شرائح رفيعة (3 أكواب / 350 جم إجمالاً)
- 2 ملعقة كبيرة سكر بني فاتح
- حوالي 3 ملاعق كبيرة دبس الرمان
- ¼ كوب / 200 جرام من حبوب القمح المقشرة أو غير المقشرة
- 2 كوب / 500 مل مرقة دجاج
- الملح والفلفل الأسود المطحون الطازج
- زبادي يوناني، للتقديم

تعليمات

a) افصلي سيقان السلق البيضاء عن الأوراق الخضراء باستخدام سكين صغير حاد. قم بتقطيع السيقان إلى شرائح بحجم ⅜ بوصة / 1 سم والأوراق إلى شرائح بحجم ¾ بوصة / 2 سم.

b) سخني الزيت والزبدة في مقلاة كبيرة ذات قاع ثقيل. يُضاف الكراث ويُطهى مع التحريك لمدة 3 إلى 4 دقائق. أضيفي سيقان السلق واطهيها لمدة 3 دقائق، ثم أضيفي الأوراق واطهيها لمدة 3 دقائق أخرى. أضيفي السكر و3 ملاعق كبيرة دبس الرمان وتوت القمح واخلطيهم جيدًا. يُضاف المرق ونصف ملعقة صغيرة من الملح وبعض الفلفل الأسود ويُترك على نار خفيفة ويُطهى على نار خفيفة ويُغطى لمدة 60 إلى 70 دقيقة. يجب أن يكون القمح جاهزًا في هذه المرحلة.

c) قم بإزالة الغطاء، وإذا لزم الأمر، قم بزيادة الحرارة واترك أي سائل متبقي يتبخر. يجب أن تكون قاعدة المقلاة جافة وعليها القليل من الكراميل المحترق. إزالة من الحرارة.

d) قبل التقديم، تذوق وأضف المزيد من دبس السكر والملح والفلفل إذا لزم الأمر؛ تريده حادًا وحلوًا، لذلك لا تخجل من دبس السكر. يُقدم الطبق دافئًا مع ملعقة من الزبادي اليوناني.

48. هانوكا بليلة

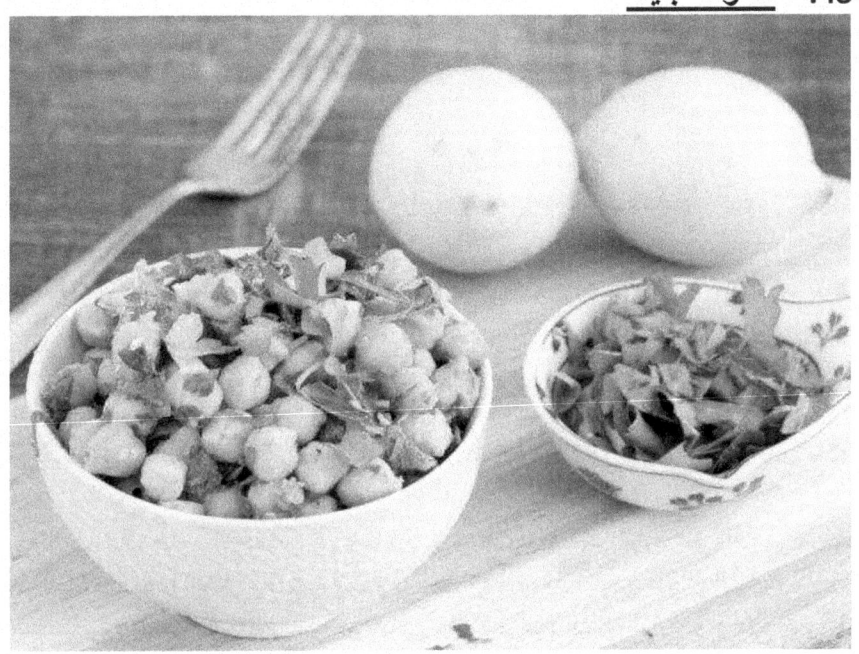

يجعل: 4

مكونات

- 1 كوب / 200 جرام حمص مجفف
- 1 ملعقة صغيرة من صودا الخبز
- 1 كوب / 60 جرام من البقدونس ذو الأوراق المسطحة المفرومة
- 2 بصل أخضر، مقطع إلى شرائح رفيعة
- 1 ليمونة كبيرة
- 3 ملاعق زيت زيتون
- 2½ ملعقة صغيرة كمون مطحون
- الملح والفلفل الأسود المطحون الطازج

تعليمات

a) في الليلة السابقة، ضعي الحمص في وعاء كبير وغطيه بالماء البارد على الأقل ضعف حجمه. أضف صودا الخبز واتركها في درجة حرارة الغرفة لتنقع طوال الليل.

b) صفي الحمص وضعيه في قدر كبيرة. يغطى بالكثير من الماء البارد ويوضع على نار عالية. يُغلى المزيج، ثم يُزال سطح الماء، ثم تُخفض الحرارة ويُترك على نار خفيفة لمدة تتراوح بين ساعة وساعة ونصف، حتى يصبح الحمص طريًا جدًا ولكنه لا يزال يحتفظ بشكله.

c) أثناء طهي الحمص، ضعي البقدونس والبصل الأخضر في وعاء خلط كبير. قشر الليمون عن طريق وضع الجزء العلوي منه ثم وضعه على لوح وتمرير سكين حاد صغير على طول منحنياته لإزالة الجلد واللب الأبيض. تخلصي من الجلد واللب والبذور، ثم قطعي اللحم بشكل خشن. أضف اللحم وجميع العصائر إلى الوعاء.

d) بمجرد أن يصبح الحمص جاهزًا، صفيه وأضيفيه إلى الوعاء وهو لا يزال ساخنًا. أضيفي زيت الزيتون، والكمون، و¾ ملعقة صغيرة من الملح، وفلفل مطحون جيدًا. اخلط جيدا. نتركها لتبرد حتى تصبح دافئة، ثم نذوقها حسب التتبيلة، ثم نقدمها.

49. أرز بسمتي و أورزو

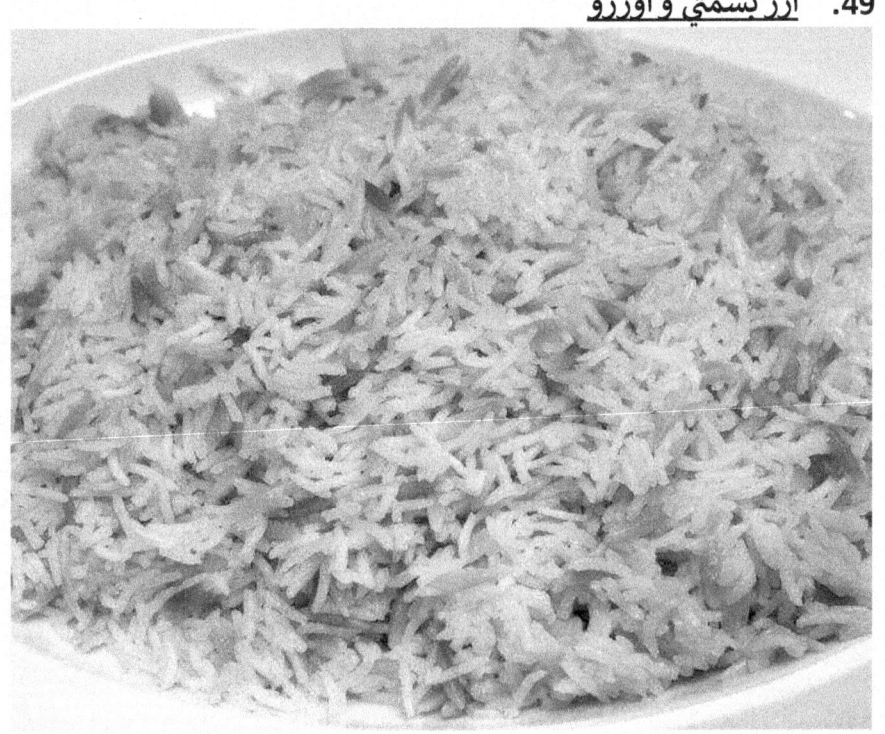

يجعل: 6

مكونات

- ⅓ كوب / 250 جرام أرز بسمتي
- 1 ملعقة كبيرة سمن مذاب أو زبدة غير مملحة
- 1 ملعقة كبيرة زيت دوار الشمس
- نصف كوب / 85 جرام أورزو
- 2½ كوب / 600 مل مرقة دجاج
- 1 ملعقة صغيرة ملح

تعليمات

a) يغسل الأرز البسمتي جيداً، ثم يوضع في وعاء كبير ويغطى بكمية وفيرة من الماء البارد. اتركيه منقوعًا لمدة 30 دقيقة، ثم صفيه.

b) قم بتسخين السمن والزيت على نار متوسطة إلى عالية في قدر متوسطة الحجم ذات قاع ثقيل لديك غطاء لها. أضيفي الأورزو واقليه لمدة 3 إلى 4 دقائق، حتى تتحول الحبوب إلى اللون الذهبي الداكن. يُضاف المرق ويُغلى المزيج ويُطهى لمدة 3 دقائق. يُضاف الأرز المصفى والملح ويُترك حتى يغلي على نار خفيفة ويُحرَّك مرة أو مرتين ثم يُغطى القدر ويُترك على نار خفيفة جدًا لمدة 15 دقيقة. لا تميل إلى كشف المقلاة؛ ستحتاج إلى السماح للأرز بالبخار بشكل صحيح.

c) أطفئ النار وأزل الغطاء وقم بتغطية المقلاة بسرعة بمنشفة شاي نظيفة. ضع الغطاء مرة أخرى فوق المنشفة واتركه لمدة 10 دقائق. قومي بتحريك الأرز بالشوكة قبل التقديم.

.50 أرز بالزعفران مع البرباريس والفستق والأعشاب المختلطة

يجعل: 6

مكونات

- 2½ ملعقة كبيرة / 40 جرام زبدة غير مملحة
- 2 كوب / 360 جرام أرز بسمتي مغسول بالماء البارد ومصفى جيداً
- 2⅓ كوب / 560 مل ماء مغلي
- 1 ملعقة صغيرة زعفران، منقوع في 3 ملاعق كبيرة ماء مغلي لمدة 30 دقيقة
- ¼ كوب / 40 جم من البرباريس المجفف، المنقوع لبضع دقائق في الماء المغلي مع قليل من السكر
- 1 أونصة / 30 جم شبت مفروم خشنًا
- ⅔ أونصة / 20 جم من البقدونس المفروم بشكل خشن
- ⅓ أوقية / 10 جرام من الطرخون المفروم بشكل خشن
- ½ كوب / 60 جرام فستق حلبي غير مملح مقطع أو مطحون ومحمص قليلاً
- الملح والفلفل الأبيض المطحون الطازج

تعليمات

a) نذوب الزبدة في قدر متوسطة الحجم ثم نضيف الأرز ونتأكد من أن الحبوب مغلفة جيدًا بالزبدة. أضف الماء المغلي، 1 ملعقة صغيرة ملح، وبعض الفلفل الأبيض. نخلط المكونات جيدًا، ونغطيها بغطاء محكم، ونتركها على نار خفيفة جدًا لمدة 15 دقيقة. لا تميل إلى كشف المقلاة؛ ستحتاج إلى السماح للأرز بالبخار بشكل صحيح.

b) ارفعي وعاء الأرز عن النار - سيمتص الأرز كل الماء - ثم اسكبي ماء الزعفران على جانب واحد من الأرز، بحيث يغطي حوالي ربع السطح ويترك معظمه أبيض. قم بتغطية المقلاة على الفور بمنشفة شاي وأغلقها بإحكام بالغطاء. اتركيه جانباً لمدة 5 إلى 10 دقائق.

c) استخدمي ملعقة كبيرة لإزالة الجزء الأبيض من الأرز في وعاء خلط كبير وقومي بتحريكه بالشوكة. صفي حبات البرباريس وحركيها، ثم الأعشاب ومعظم الفستق، واتركي القليل منها للتزيين. اخلط جيدا. قومي بتحريك أرز الزعفران باستخدام شوكة ثم ضعيه برفق في الأرز الأبيض. لا تبالغ في الخلط، فأنت لا تريد أن تتلطخ الحبوب البيضاء باللون الأصفر. الذوق وضبط التوابل. ننقل الأرز إلى وعاء التقديم الضحل وننثر الفستق المتبقي فوقه. خدمة الحارة أو في درجة حرارة الغرفة.

51. أرز بسمتي وبرّي مع الحمص والكشمش والأعشاب

يجعل: 6

مكونات

- ⅓ كوب / 50 جرام أرز بري
- 2½ ملعقة كبيرة زيت زيتون
- مدور 1 كوب / 220 جرام أرز بسمتي
- 1½ كوب / 330 مل ماء مغلي
- 2 ملعقة صغيرة بذور كمون
- 1½ ملعقة صغيرة مسحوق الكاري
- 1½ كوب / 240 جرام من الحمص المطبوخ والمصفى (المعلب جيدًا)
- ¾ كوب / 180 مل زيت دوار الشمس
- 1 بصلة متوسطة، مقطعة إلى شرائح رفيعة
- 1½ ملعقة صغيرة دقيق متعدد الأغراض
- ⅔ كوب / 100 جرام زبيب
- 2 ملعقة كبيرة من البقدونس ذو الأوراق المسطحة المفرومة
- 1 ملعقة كبيرة كزبرة مفرومة
- 1 ملعقة كبيرة شبت مفروم
- الملح والفلفل الأسود المطحون الطازج

تعليمات

a) ابدأ بوضع الأرز البري في قدر صغير، ثم غطيه بكمية كبيرة من الماء، واتركه حتى يغلي، واتركه على نار خفيفة لمدة 40 دقيقة تقريبًا، حتى ينضج الأرز ولكنه لا يزال متماسكًا تمامًا. يصفى ويوضع جانبا.

b) لطهي الأرز البسمتي، اسكبي ملعقة كبيرة من زيت الزيتون في قدر متوسطة الحجم ذات غطاء محكم ثم ضعيها على نار عالية. أضيفي الأرز ونصف ملعقة صغيرة من الملح وحركيه أثناء تسخين الأرز. أضيفي الماء المغلي بعناية، ثم خففي الحرارة إلى درجة منخفضة جداً، ثم غطي المقلاة بالغطاء، واتركيها لتطهى لمدة 15 دقيقة.

c) نرفع القدر عن النار، ونغطيه بمنشفة شاي نظيفة ثم نغطيه، ونتركه عن النار لمدة 10 دقائق.

d) أثناء طبخ الأرز، قومي بتحضير الحمص. سخني ما تبقى من ملعقة كبيرة ونصف من زيت الزيتون في قدر صغيرة على نار عالية. أضف بذور الكمون ومسحوق الكاري، وانتظر لبضع ثوان، ثم أضف الحمص وربع ملعقة صغيرة من الملح؛ تأكد من القيام بذلك بسرعة وإلا قد تحترق البهارات في الزيت. حركيه على النار لمدة دقيقة أو دقيقتين، فقط لتسخين الحمص، ثم انقليه إلى وعاء خلط كبير.

e) امسح القدر ونظفه واسكب زيت عباد الشمس وضعه على نار عالية. تأكدي من أن الزيت ساخن عن طريق رمي قطعة صغيرة من البصل؛ يجب أن تصدر أزيزًا بقوة.

استخدمي يديك لخلط البصل مع الدقيق لتغليفه قليلاً. خذ بعضًا من البصل وضعه بعناية (قد يبصق!) في الزيت. اقليها لمدة 2 إلى 3 دقائق حتى يصبح لونها بنياً ذهبياً، ثم انقليها إلى مناشف ورقية لتصفيتها ورشيها بالملح. كرر ذلك على دفعات حتى يقلى كل البصل.

f) أخيرًا، أضيفي كلا النوعين من الأرز إلى الحمص ثم أضيفي الكشمش والأعشاب والبصل المقلي. يقلب ويذوق ويضاف الملح والفلفل حسب الرغبة. خدمة الحارة أو في درجة حرارة الغرفة.

52. ريزوتو الشعير مع جبنة الفيتا المتبلة

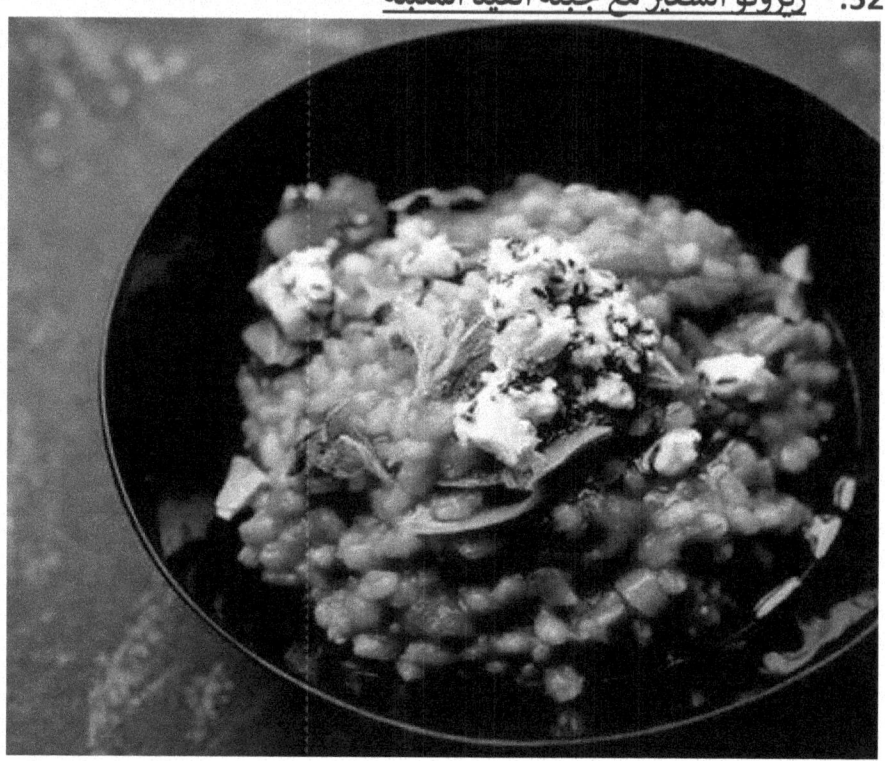

يجعل: 4

مكونات

● 1 كوب / 200 جرام شعير
● 2 ملعقة كبيرة / 30 جرام زبدة غير مملحة
● 6 ملاعق كبيرة / 90 مل زيت زيتون
● 2 سيقان كرفس صغيرة، مقطعة إلى مكعبات بحجم ¼ بوصة / 0.5 سم
● 2 كراث صغير، مقطع إلى مكعبات بحجم ¼ بوصة / 0.5 سم
● 4 فصوص من الثوم، مقطعة إلى مكعبات بحجم 16/1 بوصة / 2 مم
● 4 أغصان زعتر
● ½ ملعقة صغيرة بابريكا مدخنة
● 1 ورقة غار
● 4 شرائح قشر ليمون
● ¼ ملعقة صغيرة رقائق تشيلي
● علبة واحدة بحجم 14 أونصة / 400 جرام من الطماطم المقطعة
● 3 أكواب / 700 مل مرقة خضار
● 1¼ كوب / 300 مل باساتا (طماطم مطحونة منخولة)
● 1 ملعقة كبيرة بذور كراوية
● 10½ أوقية / 300 جرام من جبنة الفيتا، مقسمة إلى قطع بحجم ¾ بوصة / 2 سم تقريبًا
● 1 ملعقة كبيرة أوراق أوريجانو طازجة
● ملح

تعليمات

a) نغسل حبات الشعير جيداً تحت الماء البارد ونتركها حتى تتصفى.

b) تُذوب الزبدة وملعقتان كبيرتان من زيت الزيتون في مقلاة كبيرة جدًا ويُطهى الكرفس والكراث والثوم على نار خفيفة لمدة 5 دقائق حتى يصبح طريًا. يُضاف الشعير، والزعتر، والبابريكا، وورق الغار، وقشر الليمون، ورقائق الفلفل الحار، والطماطم، والمرق، والباساتا، والملح. حرك المزيج. يُغلى المزيج ثم يُخفف النار على نار هادئة ويُطهى لمدة 45 دقيقة مع التحريك بشكل متكرر للتأكد من عدم التصاق الريسوتو بقاع المقلاة. عندما يصبح الشعير جاهزًا، يجب أن يكون طريًا ويتم امتصاص معظم السائل.

c) في هذه الأثناء، نخب بذور الكراوية في مقلاة جافة لبضع دقائق. ثم قم بسحقها بخفة حتى تبقى بعض البذور الكاملة. أضفها إلى جبنة الفيتا مع 4 ملاعق كبيرة / 60 مل من زيت الزيتون المتبقي واخلطها بلطف حتى تمتزج.

d) بمجرد أن يصبح الريزوتو جاهزًا، تحقق من التتبيل ثم قسمه بين أربعة أوعية ضحلة. ضعي فوق كل منها جبنة الفيتا المتبلة، بما في ذلك الزيت، ورشّة من أوراق الأوريجانو.

118

53. كونشيجلي مع الزبادي والبازلاء والتشيلي

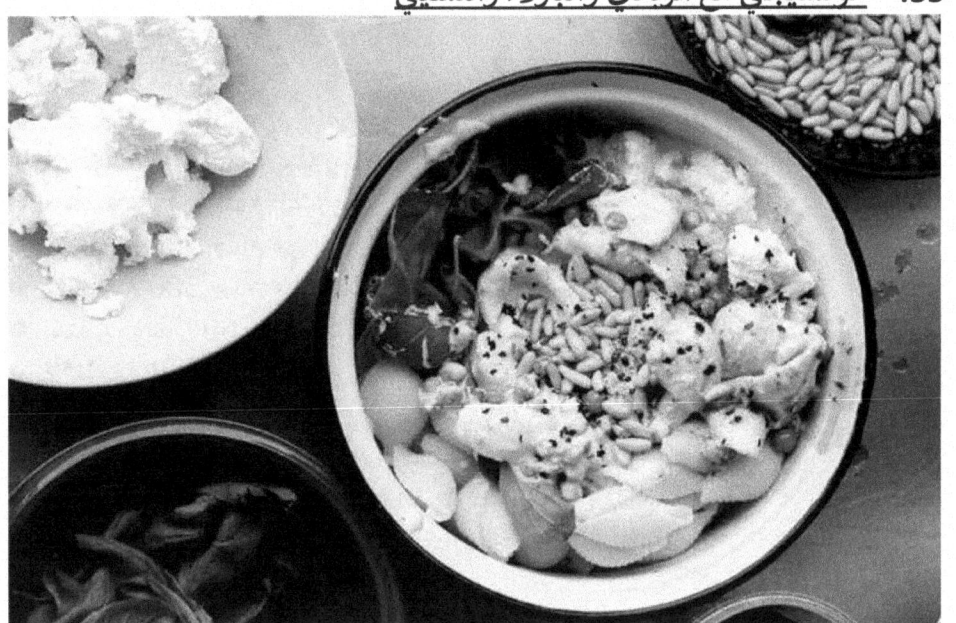

يجعل: 6

مكونات

- 2½ كوب / 500 جرام زبادي يوناني
- ⅔ كوب / 150 مل زيت زيتون
- 4 فصوص من الثوم المهروس
- 1 رطل / 500 جرام من البازلاء المجمدة الطازجة أو المذابة
- 1 رطل / 500 جرام من معكرونة الكونشيجلي
- نصف كوب / 60 جرام صنوبر
- 2 ملعقة صغيرة من رقائق الفلفل الحار التركي أو السوري (أو أقل، حسب درجة حرارتها)
- ⅔ كوب / 40 جرام من أوراق الريحان المقطعة بشكل خشن
- 8 أونصة / 240 جرام من جبنة الفيتا، مقسمة إلى قطع صغيرة
- الملح والفلفل الأبيض المطحون الطازج

تعليمات

a) ضعي الزبادي، 6 ملاعق كبيرة / 90 مل من زيت الزيتون، والثوم، و⅔ كوب / 100 جرام من البازلاء في محضرة الطعام. قم بالبدء في الحصول على صلصة خضراء شاحبة موحدة ثم قم بنقلها إلى وعاء خلط كبير.

b) اطهي المعكرونة في الكثير من الماء المغلي المملح حتى تنضج. بينما تنضج المعكرونة، سخني زيت الزيتون المتبقي في مقلاة صغيرة على نار متوسطة. يُضاف الصنوبر ورقائق الفلفل الحار ويُقلى لمدة 4 دقائق، حتى تصبح المكسرات ذهبية اللون ويتحول لون الزيت إلى اللون الأحمر الداكن. قم أيضًا بتسخين البازلاء المتبقية في بعض الماء المغلي ثم صفيها.

c) صفي المعكرونة المطبوخة في مصفاة، ورجّيها جيداً للتخلص من الماء، ثم أضيفي المعكرونة تدريجياً إلى صلصة الزبادي؛ قد يؤدي إضافتها كلها مرة واحدة إلى انقسام الزبادي. أضف البازلاء الدافئة والريحان والفيتا وملعقة صغيرة ملح ونصف ملعقة صغيرة فلفل أبيض. يُقلب بلطف، ويُنقل إلى أوعية فردية، ثم يُسكب فوق الصنوبر وزيته.

54. ميجادرا

يجعل: 6

مكونات

- ¼ كوب / 250 جرام عدس أخضر أو بني
- 4 حبات بصل متوسطة الحجم (1½ رطل / 700 جرام قبل التقشير)
- 3 ملاعق كبيرة من الدقيق متعدد الأغراض
- حوالي 1 كوب / 250 مل زيت دوار الشمس
- 2 ملعقة صغيرة بذور كمون
- 1½ ملعقة كبيرة بذور كزبرة
- 1 كوب / 200 جرام أرز بسمتي
- 2 ملعقة كبيرة زيت زيتون
- ½ ملعقة صغيرة كركم مطحون
- 1½ ملعقة صغيرة من البهارات المطحونة
- 1½ ملعقة صغيرة قرفة مطحونة
- 1 ملعقة صغيرة سكر
- 1½ كوب / 350 مل ماء
- الملح والفلفل الأسود المطحون الطازج

تعليمات

a) ضعي العدس في قدر صغيرة، ثم غطيه بالكثير من الماء، واتركيه حتى يغلي، واطهيه لمدة 12 إلى 15 دقيقة، حتى ينضج العدس ولكن لا يزال لديه القليل من اللقمة. يصفى ويوضع جانبا.

b) قشر البصل وقطعه إلى شرائح رفيعة. ضعيها على طبق مسطح كبير، ورشيها بالدقيق وملعقة صغيرة من الملح، واخلطيها جيدًا بيديك. سخني زيت عباد الشمس في قدر متوسطة الحجم ذات قاع ثقيل توضع على نار عالية. تأكدي من أن الزيت ساخن عن طريق رمي قطعة صغيرة من البصل؛ يجب أن تصدر أزيزًا بقوة. قلل الحرارة إلى متوسطة - عالية وبعناية (قد يبصق!) أضف ثلث شرائح البصل. يقلى لمدة 5 إلى 7 دقائق، مع التحريك من حين لآخر بملعقة مثقوبة، حتى يأخذ البصل لونًا بنيًا ذهبيًا لطيفًا ويصبح مقرمشًا (اضبط درجة الحرارة حتى لا يقلى البصل بسرعة كبيرة ويحترق). استخدمي الملعقة لنقل البصل إلى مصفاة مغطاة بالمناشف الورقية ورشي القليل من الملح. افعل نفس الشيء مع دفعتي البصل الأخريين. أضف القليل من الزيت الإضافي إذا لزم الأمر.

c) امسحي القدر الذي قلي فيه البصل نظيفاً، ثم ضعي فيه الكمون وبذور الكزبرة. ضعيها على نار متوسطة وحمصي البذور لمدة دقيقة أو دقيقتين. أضيفي الأرز، وزيت الزيتون، والكركم، والبهارات، والقرفة، والسكر، ونصف ملعقة صغيرة من الملح،

والكثير من الفلفل الأسود. يُقلب الأرز حتى يتغطى بالزيت ثم يُضاف العدس المطبوخ والماء. يُغلى المزيج ويُغطى بغطاء ويُترك على نار خفيفة جدًا لمدة 15 دقيقة.

d) ارفعيه عن النار، وارفعي الغطاء، ثم قومي بتغطية المقلاة بسرعة بمنشفة شاي نظيفة. أغلق الغطاء بإحكام واتركه جانباً لمدة 10 دقائق.

e) أخيرًا، أضيفي نصف كمية البصل المقلي إلى الأرز والعدس وقلبي بلطف بالشوكة. يُسكب الخليط في وعاء تقديم ضحل، ويُضاف إليه بقية البصل.

55. حنوكا مقلوبة

يجعل: 4 إلى 6

مكونات

- 2 باذنجان متوسط الحجم (1½ رطل / 650 جرام إجمالاً)، مقطع إلى شرائح بحجم ¼ بوصة / 0.5 سم
- ⅔ كوب / 320 جرام أرز بسمتي
- 6 إلى 8 أفخاذ دجاج خالية من العظم، مع الجلد، حوالي 1¾ رطل / 800 جرام إجمالاً
- 1 بصلة كبيرة، مقطعة إلى أرباع بالطول
- 10 حبات فلفل أسود
- 2 ورق غار
- 4 أكواب / 900 مل ماء
- زيت عباد الشمس، للقلي
- 1 قرنبيط متوسط الحجم (1 رطل / 500 جرام)، مقسم إلى زهرات كبيرة
- زبدة ذائبة، لدهن القالب
- 3 إلى 4 حبات طماطم متوسطة ناضجة (إجمالي 12 أونصة / 350 جم)، مقطعة إلى شرائح بسمك ¼ بوصة / 0.5 سم
- 4 فصوص كبيرة من الثوم، مقطعة إلى نصفين
- 1 ملعقة صغيرة كركم مطحون
- 1 ملعقة صغيرة قرفة مطحونة
- 1 ملعقة صغيرة من البهارات المطحونة
- ¼ ملعقة صغيرة فلفل أسود مطحون طازج
- 1 ملعقة صغيرة بهارات بهارات مشكلة (من المتجر أوانظر الوصفة)
- 3½ ملعقة كبيرة / 30 جرام صنوبر، مقلي في 1 ملعقة كبيرة / 15 جرام سمن أو زبدة غير مملحة حتى يصبح لونه ذهبيًا
- زبادي مع خيار، ليخدم
- ملح

تعليمات

a) ضعي شرائح الباذنجان على مناشف ورقية، ورشي الملح من الجانبين، واتركيها لمدة 20 دقيقة حتى تفقد بعض الماء.

b) يغسل الأرز وينقع في كمية وفيرة من الماء البارد وملعقة صغيرة من الملح لمدة 30 دقيقة على الأقل.

c) في هذه الأثناء، سخني قدرًا كبيرًا على نار متوسطة إلى عالية واقلي الدجاج لمدة 3 إلى 4 دقائق على كل جانب، حتى يصبح لونه بنيًا ذهبيًا (يجب أن ينتج جلد الدجاج ما

يكفي من الزيت لطهيه، وإذا لزم الأمر، أضف القليل من زيت عباد الشمس). أضيفي البصل، الفلفل، أوراق الغار، والماء. يُغلى المزيـج ثم يُغطى ويُطهى على نار خفيفة لمدة 20 دقيقة. أخرجي الدجاج من المقلاة واتركيه جانباً. قم بتصفية المرق واحتفظ به لوقت لاحق، مع إزالة الدهون.

d) أثناء طهي الدجاج، قم بتسخين قدر أو فرن هولندي، ويفضل أن يكون غير لاصق وقطره حوالي 9½ بوصة / 24 سم وعمق 5 بوصة / 12 سم، على نار متوسطة عالية. أضف ما يكفي من زيت عباد الشمس ليصل إلى ارتفاع حوالي ¾ بوصة / 2 سم على جوانب المقلاة. عندما تبدأ في رؤية فقاعات صغيرة تطفو على السطح، ضع بعض زهور القرنبيط في الزيت بعناية (قد تبصق!) واقليها حتى يصبح لونها بنياً ذهبياً، لمدة تصل إلى 3 دقائق. استخدمي ملعقة مثقوبة لنقل الدفعة الأولى إلى المناشف الورقية ورشيها بالملح. كرر مع القرنبيط المتبقية.

e) جفف شرائح الباذنجان بالمناشف الورقية ثم اقليها بنفس الطريقة على دفعات.

f) أخرج الزيت من المقلاة وامسح المقلاة نظيفة. إذا لم تكن مقلاة غير لاصقة، قومي بتبطين الجزء السفلي بدائرة من ورق البرشمان المقطوع بالحجم المحدد ثم دهن الجوانب ببعض الزبدة المذابة. أنت الآن جاهز لطبقة المقلوبة.

g) ابدأ بترتيب شرائح الطماطم في طبقة واحدة، متداخلة، تليها شرائح الباذنجان. بعد ذلك، رتبي قطع القرنبيط وأفخاذ الدجاج. صفي الأرز جيداً ثم وزعيه فوق الطبقة النهائية ونثر قطع الثوم فوقها. قم بقياس 3 أكواب / 700 مل من مرق الدجاج المحفوظ واخلطه مع جميع البهارات بالإضافة إلى ملعقة صغيرة من الملح. اسكبي هذا الخليط فوق الأرز ثم اضغطي عليه برفق بيديك، للتأكد من أن كل الأرز مغطى بالمرق. أضف القليل من المرق أو الماء إذا لزم الأمر.

h) ضعي المقلاة على نار متوسطة واتركيها حتى تنضج. لا يحتاج المرق إلى الغليان بقوة ولكن عليك التأكد من أنه يغلي بشكل صحيح قبل تغطية المقلاة بغطاء، وخفض الحرارة إلى درجة منخفضة، والطهي على نار خفيفة لمدة 30 دقيقة. لا تميل إلى كشف المقلاة؛ ستحتاج إلى السماح للأرز بالبخار بشكل صحيح. ارفعي المقلاة عن النار، وأزيلي الغطاء، ثم ضعي منشفة شاي نظيفة فوق المقلاة بسرعة، ثم أغلقيها بالغطاء مرة أخرى. يترك ليرتاح لمدة 10 دقائق.

i) بمجرد أن تصبح جاهزًا، قم بإزالة الغطاء، واقلب طبق تقديم دائري كبير أو طبق فوق المقلاة المفتوحة، ثم اقلب المقلاة والطبق معًا بعناية ولكن بسرعة، مع الإمساك بالجانبين بقوة. اترك المقلاة على الطبق لمدة 2 إلى 3 دقائق، ثم ارفعها ببطء وحذر. تزين بالصنوبر وتقدم مع الزبادي مع الخيار.

56. <u>كسكس بالطماطم والبصل</u>

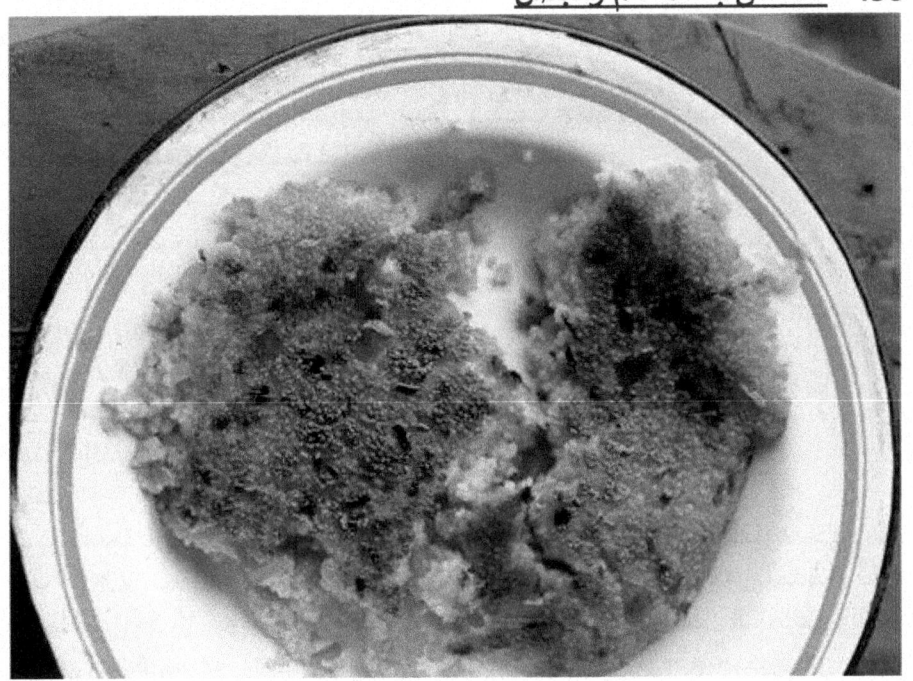

يجعل: 4

مكونات

- 3 ملاعق زيت زيتون
- 1 بصلة متوسطة الحجم، مفرومة ناعماً (1 كوب / 160 جم إجمالاً)
- 1 ملعقة كبيرة معجون طماطم
- ½ ملعقة صغيرة سكر
- 2 طماطم ناضجة جدًا، مقطعة إلى مكعبات بحجم ¼ بوصة / 0.5 سم (إجمالي 1¾ كوب / 320 جم)
- 1 كوب / 150 جرام كسكس
- 1 كوب / 220 مل مرقة دجاج أو خضار مسلوقة
- 2½ ملعقة كبيرة / 40 جرام زبدة غير مملحة
- الملح والفلفل الأسود المطحون الطازج

تعليمات

a) اسكبي ملعقتين كبيرتين من زيت الزيتون في مقلاة غير لاصقة يبلغ قطرها حوالي 8½ بوصة / 22 سم ثم ضعيها على نار متوسطة. يُضاف البصل ويُطهى لمدة 5 دقائق مع التحريك كثيرًا حتى ينضج ولكن لا يتغير لونه. يُضاف معجون الطماطم والسكر ويُطهى لمدة دقيقة واحدة. أضيفي الطماطم، ونصف ملعقة صغيرة من الملح، وبعض الفلفل الأسود واطهيها لمدة 3 دقائق.

b) في هذه الأثناء، ضعي الكسكس في وعاء ضحل، واسكبي فوقه مرق الغليان، ثم غطيه بغطاء بلاستيكي. اتركيه جانباً لمدة 10 دقائق، ثم أزيلي الغطاء وافرمي الكسكس بالشوكة. أضيفي صلصة الطماطم وحركي جيداً.

c) امسحي المقلاة ونظفيها وسخني الزبدة وملعقة كبيرة من زيت الزيتون المتبقية على نار متوسطة. عندما تذوب الزبدة، ضعي الكسكس في المقلاة واستخدمي الجزء الخلفي من الملعقة للتربيت عليه بلطف حتى يتم تعبئته بالكامل بشكل مريح. قم بتغطية المقلاة، وخفض الحرارة إلى أدنى مستوى لها، واترك الكسكس ينضج لمدة 10 إلى 12 دقيقة، حتى تتمكن من رؤية اللون البني الفاتح حول الحواف. استخدم ملعقة أو سكينًا لمساعدتك على النظر بين حافة الكسكس وجانب المقلاة: فأنت تريد حافة واضحة حقًا في جميع أنحاء القاعدة والجوانب.

d) اقلب طبقًا كبيرًا أعلى المقلاة واقلب المقلاة والطبق معًا بسرعة، ثم قم بتحرير الكسكس على الطبق. خدمة الحارة أو في درجة حرارة الغرفة.

57. شوربة الجرجير والحمص مع ماء الورد

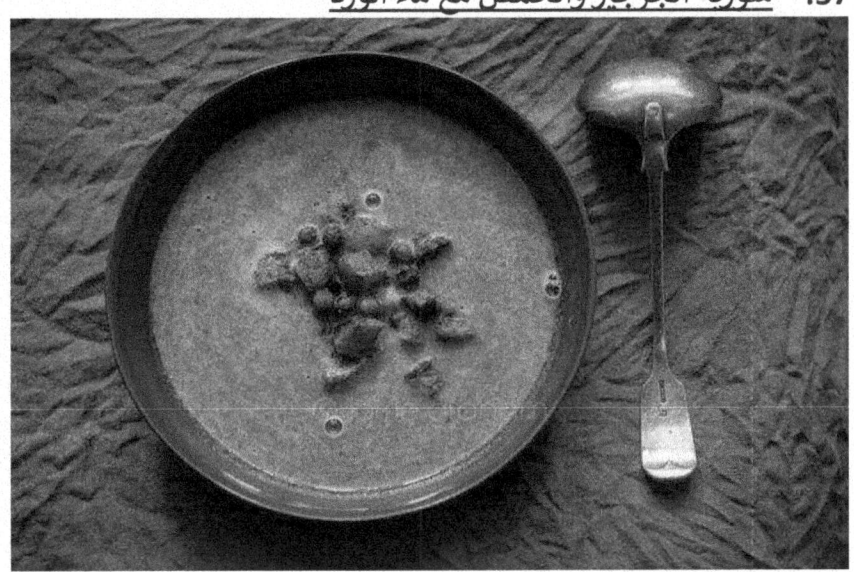

يجعل: 4

مكونات

- 2 جزرة متوسطة الحجم (9 أونصة / 250 جم إجمالاً)، مقطعة إلى مكعبات بحجم ¾ بوصة / 2 سم
- 3 ملاعق زيت زيتون
- 2½ ملعقة صغيرة رأس الحانوت
- ½ ملعقة صغيرة قرفة مطحونة
- 1½ كوب / 240 جرام من الحمص المطبوخ الطازج أو المعلب
- 1 بصلة متوسطة، مقطعة إلى شرائح رفيعة
- 2½ ملعقة كبيرة / 15 جرام زنجبيل طازج مقشر ومفروم ناعماً
- 2½ كوب / 600 مل من مرقة الخضار
- 7 أونصة / 200 جرام جرجير
- 3½ أوقية / 100 جرام من أوراق السبانخ
- 2 ملعقة صغيرة سكر ناعم
- 1 ملعقة صغيرة ماء ورد
- ملح
- زبادي يوناني، للتقديم (اختياري)
- سخني الفرن إلى 425 درجة فهرنهايت / 220 درجة مئوية.

تعليمات

a) اخلطي الجزر مع ملعقة كبيرة من زيت الزيتون وراس الحانوت والقرفة وقليل من الملح ثم ضعيه بشكل مسطح في صينية تحميص مبطنة بورق البرشمان. ضعيها في الفرن لمدة 15 دقيقة، ثم أضيفي نصف كمية الحمص، وقلبي جيدًا، واطهيها لمدة 10 دقائق أخرى، حتى تنضج الجزرة ولكن لا يزال بها قضمة.

b) في هذه الأثناء، ضعي البصل والزنجبيل في قدر كبيرة. يُقلى مع زيت الزيتون المتبقي لمدة 10 دقائق على نار متوسطة، حتى يصبح البصل ناعمًا وذهبيًا تمامًا. يُضاف ما تبقى من الحمص، والمرق، والجرجير، والسبانخ، والسكر، و¾ ملعقة صغيرة من الملح، ويُقلب جيدًا، ويُترك حتى يغلي. اطهيها لمدة دقيقة أو دقيقتين فقط حتى تذبل الأوراق.

c) باستخدام محضرة الطعام أو الخلاط، قومي بطحن الحساء حتى يصبح ناعمًا. أضيفي ماء الورد، وحركي، وتذوقي، وأضيفي المزيد من الملح أو ماء الورد إذا أردت. اتركيه جانباً حتى يصبح الجزر والحمص جاهزين، ثم أعيدي تسخينه للتقديم.

d) للتقديم، قسمي الحساء بين أربعة أطباق وضعي فوقه الجزر والحمص الساخن، وإذا أردت، حوالي ملعقتين صغيرتين من الزبادي لكل حصة.

58. شوربة الزبادي والشعير الساخنة

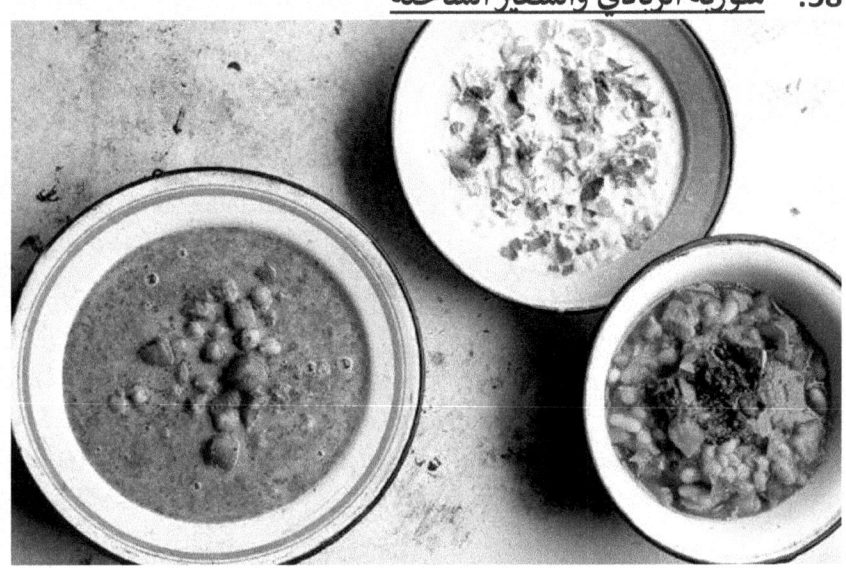

يجعل: 4

مكونات

- 6¾ كوب / 1.6 لتر ماء
- 1 كوب / 200 جرام شعير
- 2 بصلة متوسطة، مفرومة ناعماً
- 1½ ملعقة صغيرة نعناع مجفف
- 4 ملاعق كبيرة / 60 جرام زبدة غير مملحة
- 2 بيضة كبيرة مخفوقة
- 2 كوب / 400 جرام زبادي يوناني
- ⅔ أوقية / 20 جرام نعناع طازج مفروم
- ⅓ أوقية / 10 جرام من البقدونس ذو الأوراق المسطحة، المفروم
- 3 حبات بصل أخضر، مقطعة إلى شرائح رفيعة
- الملح والفلفل الأسود المطحون الطازج

تعليمات

a) يُغلى الماء مع الشعير في قدر كبيرة، ويُضاف إليه ملعقة صغيرة من الملح، ويُترك على نار خفيفة حتى ينضج الشعير، لمدة 15 إلى 20 دقيقة. إزالة من الحرارة. بمجرد طهي الحساء، ستحتاج إلى ¾ 4 أكواب / 1.1 لتر من سائل الطهي لتحضير الحساء؛ أضف الماء إذا بقي لديك كمية أقل بسبب التبخر.

b) أثناء طهي الشعير، يُقلى البصل والنعناع المجفف على نار متوسطة في الزبدة حتى يصبح طريًا، لمدة 15 دقيقة تقريبًا. أضف هذا إلى الشعير المطبوخ.

c) اخفقي البيض والزبادي معًا في وعاء خلط كبير عازل للحرارة. اخلطي ببطء بعضًا من الشعير والماء، مغرفة واحدة في كل مرة، حتى يسخن الزبادي. سيؤدي ذلك إلى تلطيف الزبادي والبيض ويمنعهما من الانقسام عند إضافتهما إلى السائل الساخن. أضيفي الزبادي إلى قدر الحساء، ثم أعيديه إلى النار المتوسطة مع التحريك المستمر حتى ينضج الحساء على نار خفيفة جدًا. يُرفع عن النار ويُضاف الأعشاب المفرومة والبصل الأخضر ويُفحص التتبيل. يقدم ساخنا.

59. <u>حساء كانيليني بالفاصوليا ولحم الضأن</u>

يجعل: 4

مكونات

- 1 ملعقة كبيرة زيت دوار الشمس
- 1 بصلة صغيرة (5 أونصة / 150 جم إجمالاً)، مفرومة ناعمًا
- ¼ جذر كرفس صغير، مقشر ومقطع إلى مكعبات بحجم ¼ بوصة / 0.5 سم (6 أونصة / 170 جم إجمالاً)
- 20 فصًا كبيرًا من الثوم، مقشرًا ولكن كاملًا
- 1 ملعقة صغيرة كمون مطحون
- 1 رطل / 500 جرام من لحم الضأن المطهو (أو اللحم البقري إذا كنت تفضل ذلك)، مقطعة إلى مكعبات بحجم ¾ بوصة / 2 سم
- 7 أكواب / 1.75 لتر ماء
- ½ كوب / 100 جرام كانيليني أو فاصوليا بينتو مجففة، منقوعة طوال الليل في الكثير من الماء البارد، ثم تصفى
- 7 حبات هيل، مطحونة قليلاً
- ½ ملعقة صغيرة كركم مطحون
- 2 ملعقة كبيرة معجون طماطم
- 1 ملعقة صغيرة سكر ناعم
- 9 أونصة / 250 جم يوكون جولد أو أي نوع آخر من البطاطس ذات اللحم الأصفر، مقشرة ومقطعة إلى مكعبات بحجم ¾ بوصة / 2 سم
- الملح والفلفل الأسود المطحون الطازج
- خبز للتقديم
- عصير ليمون طازج، للتقديم
- كزبرة مفرومة أوتشوغ

تعليمات

a) يُسخن الزيت في مقلاة كبيرة ويُطهى البصل وجذر الكرفس على نار متوسطة إلى عالية لمدة 5 دقائق، أو حتى يبدأ البصل في التحول إلى اللون البني. أضيفي فصوص الثوم والكمون واطهيهما لمدة دقيقتين إضافيتين. أطفئي النار واتركيه جانباً.

b) ضعي اللحم والماء في قدر كبيرة أو فرن هولندي على نار متوسطة إلى عالية، واتركيه حتى يغلي، ثم خففي الحرارة واتركيه على نار هادئة لمدة 10 دقائق، مع كشط السطح بشكل متكرر حتى تحصلي على مرق صافي. يُضاف مزيج البصل وجذور الكرفس والفاصوليا المصفاة والهيل والكركم ومعجون الطماطم والسكر. يُغلى المزيج ويُغطى ويُترك على نار خفيفة لمدة ساعة أو حتى ينضج اللحم.

c) أضيفي البطاطس إلى الحساء وتبليها بملعقة صغيرة من الملح ونصف ملعقة صغيرة من الفلفل الأسود. أعيدي القدر إلى الغليان، ثم خففي الحرارة واتركيه على نار هادئة دون غطاء لمدة 20 دقيقة أخرى، أو حتى تنضج البطاطس والفاصوليا. يجب أن يكون الحساء سميكًا. دعها تغلي لفترة أطول قليلاً، إذا لزم الأمر، لتقليل أو إضافة بعض الماء. تذوق وأضف المزيد من التوابل حسب رغبتك. يُقدم الحساء مع الخبز وبعض عصير الليمون والكزبرة الطازجة المفرومة أو تشوج.

60. شوربة المأكولات البحرية والشمر

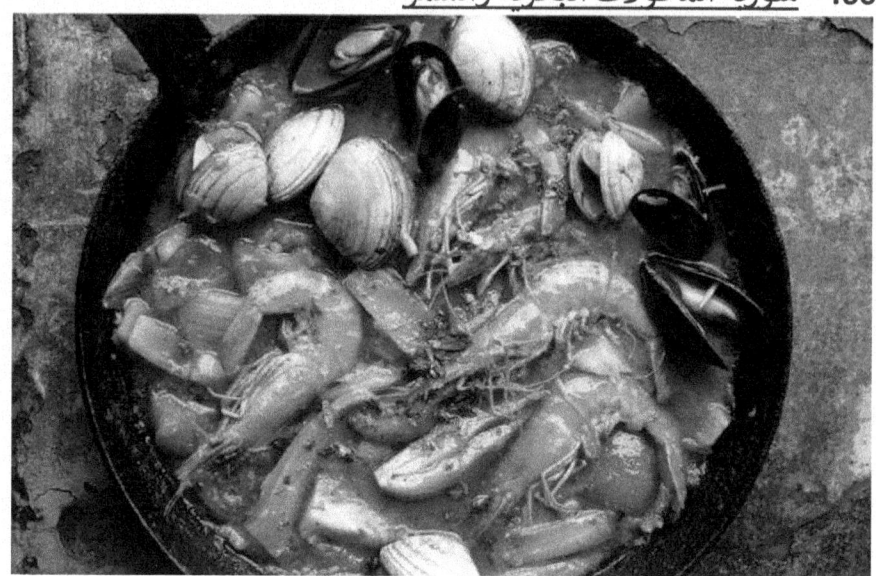

يجعل: 4

مكونات

- 2 ملعقة كبيرة زيت زيتون
- 4 فصوص من الثوم، مقطعة إلى شرائح رفيعة
- 2 بصلة شمر (10½ أونصة / 300 جرام إجمالاً)، مشذبة ومقطعة إلى شرائح رفيعة
- 1 حبة بطاطس شمعية كبيرة (إجمالي 7 أونصة / 200 جرام)، مقشرة ومقطعة إلى مكعبات بحجم ⅔ بوصة / 1.5 سم
- 3 أكواب / 700 مل من مرق السمك (أو مرق الدجاج أو الخضار، إذا كان ذلك مفضلاً)
- ½ ليمون متوسط الحجم محفوظ (½ أونصة / 15 جم إجمالاً)، يتم شراؤه من المتجر أوانظر الوصفة
- 1 فليفلة حمراء، مقطعة إلى شرائح (اختياري)
- 6 حبات طماطم (14 أونصة / 400 جرام إجمالاً)، مقشرة ومقطعة إلى أرباع
- 1 ملعقة كبيرة بابريكا حلوة
- رشة جيدة من الزعفران
- 4 ملاعق كبيرة من أوراق البقدونس المسطحة المفرومة ناعماً
- 4 شرائح من سمك القاروص (حوالي 10½ أونصة / 300 جرام إجمالاً)، منزوعة الجلد، مقطعة إلى نصفين
- 14 بلح البحر (حوالي 8 أوقية / 220 جرام في المجموع)
- 15 محار (حوالي 4½ أوقية / 140 جرام في المجموع)
- 10 قريدس النمر (حوالي 8 أونصة / 220 جرام إجمالاً)، مقشرة أو مقشرة ومنزوعة العروق
- 3 ملاعق كبيرة عرق، أوزو، أو بيرنود
- 2 ملعقة صغيرة من الطرخون المفروم (اختياري)
- الملح والفلفل الأسود المطحون الطازج

تعليمات

a) ضعي زيت الزيتون والثوم في مقلاة واسعة ذات حافة منخفضة واطهيهما على نار متوسطة لمدة دقيقتين دون تلوين الثوم. يُضاف الشمر والبطاطس ويُطهى لمدة 3 إلى 4 دقائق إضافية. يُضاف المرق والليمون المحفوظ ويُتبل بربع ملعقة صغيرة من الملح وبعض الفلفل الأسود ويُترك حتى يغلي ثم يُغطى ويُطهى على نار خفيفة لمدة 12 إلى 14 دقيقة حتى تنضج البطاطس. يُضاف الفلفل الحار (في حالة استخدامه)، والطماطم، والبهارات، ونصف كمية البقدونس ويُطهى لمدة 4 إلى 5 دقائق أخرى.

b) أضف ما يصل إلى 1¼ كوب / 300 مل من الماء عند هذه النقطة، بقدر ما تحتاج فقط لتغطية السمك لسلقه، واتركه على نار خفيفة مرة أخرى. أضيفي القاروص والمحار، ثم غطي المقلاة واتركيها تغلي بشدة لمدة 3 إلى 4 دقائق، حتى تنفتح المحار ويتحول القريدس إلى اللون الوردي.

c) باستخدام ملعقة مثقوبة، أخرجي السمك والمحار من الحساء. إذا كان لا يزال مائيًا بعض الشيء، اترك الحساء يغلي لبضع دقائق إضافية حتى يقل. أضيفي العرق وتذوقيه للتتبيل.

d) وأخيرًا، أعد المحار والأسماك إلى الحساء لإعادة تسخينهما. يُقدم الطبق فورًا ويُزين بالبقدونس المتبقي والطرخون في حالة استخدامه.

61. شوربة الفستق

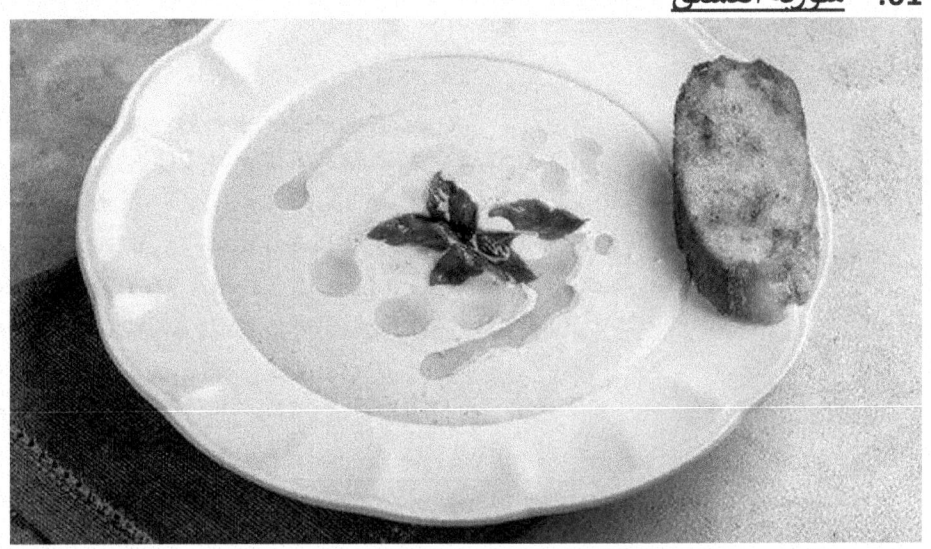

يجعل: 4

مكونات

- 2 ملعقة كبيرة ماء مغلي
- ¼ ملعقة صغيرة خيوط زعفران
- ⅔ كوب / 200 جرام فستق مقشر غير مملح
- 2 ملعقة كبيرة / 30 جرام زبدة غير مملحة
- 4 كراث، مفروم ناعمًا (إجمالي 3½ أونصة / 100 جم)
- 1 أونصة / 25 جرام من الزنجبيل، مقشر ومفروم ناعمًا
- 1 كراث، مفروم ناعمًا (1¼ كوب / 150 جم إجمالاً)
- 2 ملعقة صغيرة كمون مطحون
- 3 أكواب / 700 مل مرقة دجاج
- ثلث كوب / 80 مل من عصير البرتقال الطازج
- 1 ملعقة كبيرة عصير ليمون طازج
- الملح والفلفل الأسود المطحون الطازج
- كريمة حامضة، للتقديم

تعليمات

a) سخني الفرن إلى 350 درجة فهرنهايت / 180 درجة مئوية. يُسكب الماء المغلي فوق خيوط الزعفران في كوب صغير ويُترك لينقع لمدة 30 دقيقة.

b) لإزالة قشر الفستق، قم بسلق المكسرات في الماء المغلي لمدة دقيقة واحدة، ثم قم بتصفيتها، وبينما لا تزال ساخنة، قم بإزالة القشرة عن طريق الضغط على المكسرات بين أصابعك. لن تتم إزالة جميع القشور كما هو الحال مع اللوز - وهذا جيد لأنه لن يؤثر على الحساء - ولكن التخلص من بعض القشرة سيحسن اللون، مما يجعله أخضر أكثر إشراقًا. يُوزّع الفستق على صينية خبز ويُشوى في الفرن لمدة 8 دقائق. إزالة وتترك لتبرد.

c) سخني الزبدة في قدر كبيرة وأضيفي إليها الكراث والزنجبيل والكراث والكمون ونصف ملعقة صغيرة من الملح والقليل من الفلفل الأسود. يُقلى على نار متوسطة لمدة 10 دقائق، مع التحريك باستمرار، حتى يصبح الكراث طريًا تمامًا. أضيفي المرق ونصف كمية الزعفران السائل. غطي القدر، وخففي النار، واتركي الحساء يغلي لمدة 20 دقيقة.

d) ضعي كل الفستق باستثناء ملعقة كبيرة في وعاء كبير مع نصف كمية الحساء. استخدمي الخلاط اليدوي للخلط حتى يصبح ناعمًا ثم أعيديه إلى القدر. أضيفي عصير البرتقال والليمون وأعيدي التسخين وتذوقي لضبط التتبيل.

e) للتقديم، قم بتقطيع الفستق المحفوظ بشكل خشن. ننقل الحساء الساخن إلى أوعية ونضع فوقه ملعقة من القشدة الحامضة. يُرش الفستق ويُرش بسائل الزعفران المتبقي.

62. شوربة الباذنجان المحروق والمغربية

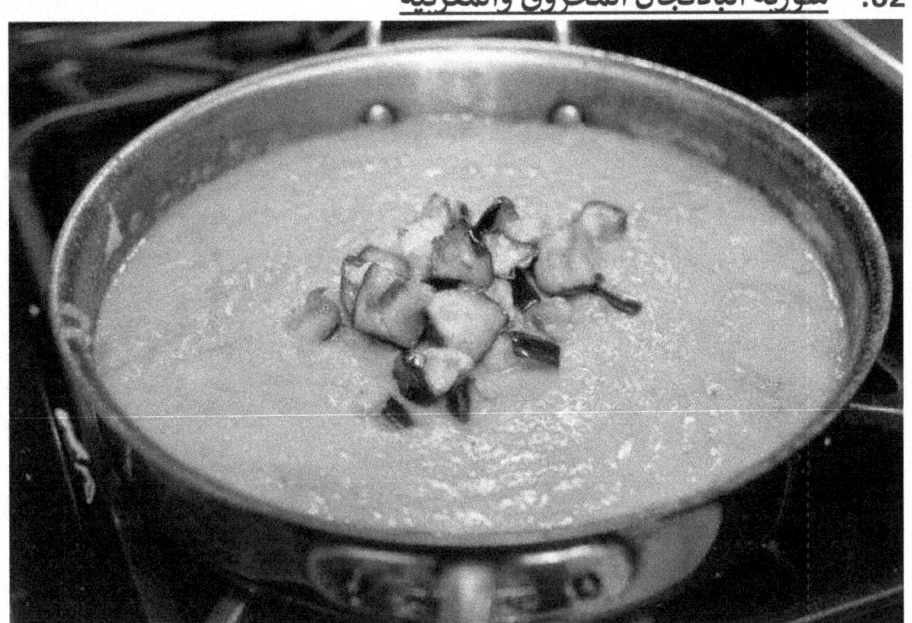

يجعل: 4

مكونات

- 5 حبات باذنجان صغيرة (حوالي 2½ رطل / 1.2 كجم إجمالاً)
- زيت عباد الشمس، للقلي
- 1 بصلة، مقطعة إلى شرائح (حوالي 1 كوب / 125 جم إجمالاً)
- 1 ملعقة كبيرة بذور كمون، مطحونة طازجة
- 1½ ملعقة صغيرة معجون طماطم
- 2 طماطم كبيرة (12 أونصة / 350 جم إجمالاً)، مقشرة ومقطعة إلى مكعبات
- 1½ كوب / 350 مل مرقة دجاج أو خضار
- ⅔ كوب / 400 مل ماء
- 4 فصوص من الثوم المهروس
- 2½ ملعقة صغيرة سكر
- 2 ملعقة كبيرة عصير ليمون طازج
- ⅓ كوب / 100 غ مغربية أو بديلها مثل المفتول أو الفريجولا أو الكسكس العملاق (انظرقسم الكسكس)
- 2 ملعقة كبيرة ريحان مفروم، أو 1 ملعقة كبيرة شبت مفروم، اختياري
- الملح والفلفل الأسود المطحون الطازج

تعليمات

a) ابدأ بحرق ثلاث حبات من الباذنجان. للقيام بذلك، اتبع التعليمات الخاصة بباذنجان محروق مع الثوم والليمون وبذور الرمان.

b) قطعي الباذنجان المتبقي إلى مكعبات بحجم ⅔ بوصة / 1.5 سم. سخني حوالي ⅔ كوب / 150 مل من الزيت في قدر كبيرة على نار متوسطة إلى عالية. عندما يسخن، أضيفي مكعبات الباذنجان. تقلى لمدة 10 إلى 15 دقيقة، مع التحريك في كثير من الأحيان، حتى تتلون بالكامل. أضف المزيد من الزيت إذا لزم الأمر حتى يكون هناك دائمًا بعض الزيت في المقلاة. نخرج الباذنجان ونضعه في مصفاة حتى يصفى ونرش عليه الملح.

c) تأكد من أن لديك حوالي ملعقة كبيرة من الزيت في المقلاة، ثم أضف البصل والكمون واقليهما لمدة 7 دقائق تقريبًا مع التحريك كثيرًا. يُضاف معجون الطماطم ويُطهى لمدة دقيقة أخرى قبل إضافة الطماطم والمرق والماء والثوم والسكر وعصير الليمون وملعقة صغيرة ونصف من الملح وبعض الفلفل الأسود. ينضج بلطف لمدة 15 دقيقة.

d) في هذه الأثناء، يُغلى قدر صغير من الماء المملح ويُضاف إليه المغربية أو بديلها. طهي حتى ال دينت. سيختلف هذا وفقًا للعلامة التجارية ولكن يجب أن يستغرق من 15 إلى 18 دقيقة (راجع العبوة). استنزاف وتحديث تحت الماء البارد.

e) يُنقل لحم الباذنجان المحترق إلى الحساء ويُقلب إلى سائل ناعم باستخدام الخلاط المحمول. أضيفي المغربية والباذنجان المقلي، مع الاحتفاظ بالقليل منه للتزيين في النهاية، واتركيه على نار خفيفة لمدة دقيقتين إضافيتين. الذوق وضبط التوابل. تقدم ساخنة مع المغربية المحفوظة والباذنجان المقلي وتزين بالريحان أو الشبت، إذا أردت.

63. <u>شوربة الطماطم والعجين المخمر</u>

يجعل: 4

مكونات

- 2 ملعقة كبيرة زيت زيتون، بالإضافة إلى كمية إضافية للتقديم
- 1 بصلة كبيرة مفرومة (1⅔ كوب / 250 جم إجمالاً)
- 1 ملعقة صغيرة بذور كمون
- 2 فص ثوم، مطحون
- 3 أكواب / 750 مل مرقة خضار
- 4 حبات طماطم كبيرة ناضجة، مفرومة (4 أكواب / 650 جم إجمالاً)
- علبة واحدة بحجم 14 أونصة / 400 جرام من الطماطم الإيطالية المقطعة
- 1 ملعقة كبيرة سكر ناعم
- شريحة واحدة من خبز العجين المخمر (1½ أونصة / 40 جم إجمالاً)
- 2 ملعقة كبيرة كزبرة مفرومة، بالإضافة إلى كمية إضافية للتقديم
- الملح والفلفل الأسود المطحون الطازج

تعليمات

a) سخني الزيت في قدر متوسطة الحجم وأضيفي البصل. يُقلى لمدة 5 دقائق تقريبًا مع التحريك باستمرار حتى يصبح البصل شفافًا. أضيفي الكمون والثوم وقلبي لمدة دقيقتين. يُسكب في المرق كلا النوعين من الطماطم والسكر وملعقة صغيرة من الملح وطحن جيد من الفلفل الأسود.

b) يُطهى الحساء على نار هادئة ويُطهى لمدة 20 دقيقة، ويُضاف الخبز الممزق إلى قطع في منتصف عملية الطهي. أخيرًا، أضيفي الكزبرة ثم اهرسيها باستخدام الخلاط في بضع نبضات حتى تتفتت الطماطم ولكنها لا تزال خشنة ومكتنزة قليلاً. يجب أن يكون الحساء سميكًا جدًا. أضف القليل من الماء إذا كان سميكًا جدًا في هذه المرحلة. يُقدم الطبق ويُرش بالزيت ويُرش بالكزبرة الطازجة.

64. حساء الدجاج الصافي مع الكنيدلاخ

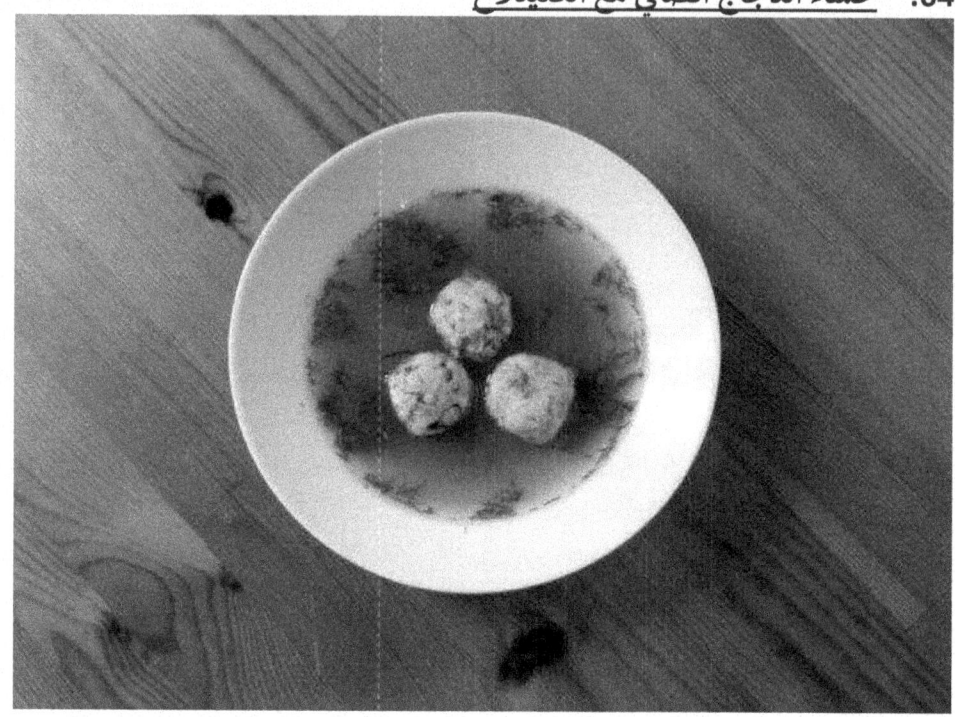

يجعل: 4

مكونات

- 1 دجاجة حرة، حوالي 4½ رطل / 2 كجم، مقسمة إلى أرباع، مع جميع العظام، بالإضافة إلى الأحشاء إذا كان بإمكانك الحصول عليها وأي أجنحة أو عظام إضافية يمكنك الحصول عليها من الجزار
- 1½ ملعقة صغيرة زيت دوار الشمس
- 1 كوب / 250 مل نبيذ أبيض جاف
- 2 جزرة، مقشرة ومقطعة إلى شرائح بحجم ¾ بوصة / 2 سم (إجمالي كوبين / 250 جم)
- 4 سيقان كرفس (حوالي 10½ أونصة / 300 جرام إجمالاً)، مقطعة إلى شرائح بحجم 2½ بوصة / 6 سم
- 2 بصل متوسط الحجم (حوالي 12 أونصة / 350 جم إجمالاً)، مقطعة إلى 8 شرائح
- 1 حبة لفت كبيرة (7 أونصة / 200 جم)، مقشرة ومقطعة إلى 8 أجزاء
- 2 أونصة / 50 جم حزمة من البقدونس ذات الأوراق المسطحة
- 2 أوقية / 50 جرام حزمة كزبرة
- 5 أغصان زعتر
- 1 غصن روزماري صغير
- ¾ أوقية / 20 جرام شبت، بالإضافة إلى كمية إضافية للتزيين
- 3 أوراق الغار
- ½ 3 أونصة / 100 جرام من الزنجبيل الطازج، مقطع إلى شرائح رفيعة
- 20 حبة فلفل أسود
- 5 حبات من البهارات
- ملح

كنايدلاش (العدد: 12 إلى 15)

- 2 بيضة كبيرة الحجم
- 2½ ملعقة كبيرة / 40 جرام سمن أو دهن دجاج، مذابة وتترك لتبرد قليلاً
- 2 ملعقة كبيرة أوراق بقدونس مسطحة مفرومة ناعماً
- ⅔ كوب / 75 جم وجبة ماتزو
- 4 ملاعق كبيرة ماء صودا
- الملح والفلفل الأسود المطحون الطازج

تعليمات

a) لتحضير الكنايدلاخ، اخفقي البيض في وعاء متوسط الحجم حتى يصبح رغويًا. أضيفي السمن المذاب ثم نصف ملعقة صغيرة من الملح والقليل من الفلفل الأسود والبقدونس. قم بإضافة وجبة الماتزو تدريجيًا، ثم الماء الصودا، ثم قم بالتقليب حتى

الحصول على عجينة موحدة. قم بتغطية الوعاء ثم قم بتبريد الخليط حتى يصبح باردًا وثابتًا، لمدة ساعة أو ساعتين على الأقل وحتى يوم واحد.

b) قم بتغطية صينية الخبز بغطاء بلاستيكي. باستخدام يديك المبللة والملعقة، قومي بتشكيل العجينة على شكل كرات بحجم حبة الجوز الصغيرة ثم ضعيها في صينية الخبز.

c) أسقط كرات الماتزو في وعاء كبير من الماء المملح المغلي بلطف. قم بتغطيته جزئيًا بغطاء وخفض الحرارة إلى درجة منخفضة. يُطهى على نار خفيفة حتى يصبح طريًا، حوالي 30 دقيقة.

d) باستخدام ملعقة مثقوبة، انقل العجينة إلى صينية خبز نظيفة حيث يمكن أن تبرد، ثم يتم تبريدها لمدة تصل إلى يوم. أو يمكنهم الذهاب مباشرة إلى الحساء الساخن.

e) لتحضير الحساء، قومي بإزالة أي دهون زائدة من الدجاج وتخلصي منها. يُسكب الزيت في قدر كبيرة جدًا أو فرن هولندي وتُقلى قطع الدجاج على نار عالية من جميع الجوانب، لمدة 3 إلى 4 دقائق. نخرجها من المقلاة، ونتخلص من الزيت، ونمسح المقلاة. أضف النبيذ واتركه يغلي لمدة دقيقة. نعيد الدجاج ونغمره بالماء ونتركه على نار هادئة جداً. يُطهى على نار خفيفة لمدة 10 دقائق تقريبًا، مع إزالة الرغوة. أضيفي الجزر والكرفس والبصل واللفت. اربطي جميع الأعشاب في حزمة بخيط وأضيفيها إلى الوعاء. أضيفي أوراق الغار والزنجبيل وحبوب الفلفل والبهارات وملعقة صغيرة ونصف من الملح ثم اسكبي كمية كافية من الماء لتغطية كل شيء جيدًا.

f) يُعاد الحساء إلى نار هادئة جدًا ويُطهى لمدة ساعة ونصف، مع إزالة القشط من حين لآخر وإضافة الماء حسب الحاجة للحفاظ على تغطية كل شيء جيدًا. ارفعي الدجاج من الحساء وأزيلي اللحم من العظام. يُحفظ اللحم في وعاء مع القليل من المرق لإبقائه رطباً، ويُوضع في الثلاجة؛ احتياطي لاستخدام آخر. أعد العظام إلى القدر واتركها على نار هادئة لمدة ساعة أخرى، مع إضافة كمية كافية من الماء فقط لتغطية العظام والخضروات. صفي الحساء الساخن وتخلصي من الأعشاب والخضروات والعظام. قم بتدفئة knaidlach المطبوخ في الحساء. بمجرد أن تصبح ساخنة، قم بتقديم الحساء والكنيدلاخ في أوعية ضحلة، مع رشها بالشبت.

65. شوربة الفريكة الحارة مع كرات اللحم

يجعل: 6
الكفتة

مكونات

- 14 أونصة / 400 جرام من لحم البقر المفروم أو لحم الضأن أو مزيج من الاثنين معًا
- 1 بصلة صغيرة (5 أونصة / 150 جم إجمالاً)، مفرومة ناعمًا
- 2 ملعقة كبيرة أوراق بقدونس مسطحة مفرومة ناعماً
- ½ ملعقة صغيرة من البهارات المطحونة
- ¼ ملعقة صغيرة قرفة مطحونة
- 3 ملاعق كبيرة من الدقيق متعدد الأغراض
- 2 ملعقة كبيرة زيت زيتون
- الملح والفلفل الأسود المطحون الطازج
- حساء
- 2 ملعقة كبيرة زيت زيتون
- 1 بصلة كبيرة (9 أونصة / 250 جم إجمالاً)، مفرومة
- 3 فصوص ثوم، مهروسة
- 2 جزرة (9 أونصة / 250 جم إجمالاً)، مقشرة ومقطعة إلى مكعبات بحجم ⅜ بوصة / 1 سم
- 2 سيقان كرفس (5 أونصة / 150 جم إجمالاً)، مقطعة إلى مكعبات بحجم ⅜ بوصة / 1 سم
- 3 حبات طماطم كبيرة (12 أونصة / 350 جم إجمالاً)، مفرومة
- 2½ ملعقة كبيرة / 40 جرام معجون طماطم
- 1 ملعقة كبيرة بهارات بهارات مشكلة (من المتجر أوانظر الوصفة)
- 1 ملعقة كبيرة كزبرة مطحونة
- 1 عود قرفة
- 1 ملعقة كبيرة سكر ناعم
- 1 كوب / 150 جرام فريكة محمصة
- 2 كوب / 500 مل مرق لحم بقري
- 2 كوب / 500 مل مرقة دجاج
- ¼ 3 أكواب / 800 مل ماء ساخن
- ⅓ أوقية / 10 جرام كزبرة مفرومة
- 1 ليمونة، مقطعة إلى 6 شرائح

تعليمات

a) ابدأ بكرات اللحم. في وعاء كبير، اخلطي اللحم مع البصل والبقدونس والبهارات والقرفة ونصف ملعقة صغيرة ملح ونصف ملعقة صغيرة فلفل. باستخدام يديك، اخلطي جيدًا، ثم شكلي الخليط إلى كرات بحجم كرة البينج بونج ثم دحرجيها في الدقيق؛ ستحصل على حوالي 15. سخني زيت الزيتون في فرن هولندي كبير واقلي كرات اللحم على نار متوسطة لبضع دقائق حتى يصبح لونها بنياً ذهبياً من جميع الجوانب. أخرجي كرات اللحم واتركيها جانباً.

b) امسحي المقلاة بالمناشف الورقية وأضيفي زيت الزيتون للحساء. على نار متوسطة، اقلي البصل والثوم لمدة 5 دقائق. يُضاف الجزر والكرفس ويُطهى لمدة دقيقتين. أضيفي الطماطم، ومعجون الطماطم، والبهارات، والسكر، وملعقتين صغيرتين من الملح، ونصف ملعقة صغيرة من الفلفل واطهيها لمدة دقيقة أخرى. أضيفي الفريكة واطهيها لمدة 2 إلى 3 دقائق. أضف المرق والماء الساخن وكرات اللحم. يُغلى المزيج ثم يُخفض الحرارة ويُترك على نار خفيفة للغاية لمدة تتراوح من 35 إلى 45 دقيقة أخرى مع التحريك من حين لآخر حتى تصبح الفريكة ممتلئة وطرية. يجب أن يكون الحساء سميكًا جدًا. قلل أو أضف القليل من الماء حسب الحاجة. أخيرًا، تذوق واضبط التتبيلة.

c) نسكب الشوربة الساخنة في أطباق التقديم ونرشها بالكزبرة. تُقدم شرائح الليمون على الجانب.

66. <u>سفرجل محشو بلحم الغنم مع الرمان والكزبرة</u>

يجعل: 4

مكونات

● 14 أونصة / 400 جرام لحم ضأن مفروم
● 1 فص ثوم، مطحون
● 1 فلفل أحمر، مفروم
● ⅔ أونصة / 20 جرام كزبرة مفرومة، بالإضافة إلى 2 ملعقة كبيرة للتزيين
● نصف كوب / 50 جرام فتات خبز
● 1 ملعقة صغيرة من البهارات المطحونة
● 2 ملعقة كبيرة زنجبيل طازج مبشور ناعماً
● 2 بصل متوسط الحجم، مفروم ناعمًا (1⅓ كوب / 220 جم إجمالاً)
● 1 بيضة كبيرة الحجم
● 4 سفرجل (2¾ رطل / 1.3 كجم إجمالاً)
● عصير نصف ليمونة، بالإضافة إلى ملعقة كبيرة من عصير الليمون الطازج
● 3 ملاعق زيت زيتون
● 8 حبات هيل
● 2 ملعقة صغيرة دبس الرمان
● 2 ملعقة صغيرة سكر
● 2 كوب / 500 مل مرقة دجاج
● بذور ½ رمان
● الملح والفلفل الأسود المطحون الطازج

تعليمات

a) ضعي لحم الضأن في وعاء الخلط مع الثوم والفلفل الحار والكزبرة وفتات الخبز والبهارات ونصف كمية الزنجبيل ونصف البصلة والبيضة ونصف ملعقة صغيرة ملح وبعض الفلفل. امزجي المكونات جيداً بيديك واتركيها جانباً.

b) قشر السفرجل وقسمه إلى نصفين بالطول. ضعيها في وعاء من الماء البارد مع عصير نصف ليمونة حتى لا تتحول إلى اللون البني. استخدمي كرة البطيخ أو ملعقة صغيرة لإزالة البذور ثم قومي بتجويف نصفي السفرجل بحيث يتبقى لديك قشرة بحجم ⅔ بوصة / 1.5 سم. احتفظ باللحم المستخرج. املأ التجاويف بمزيج لحم الضأن، واستخدم يديك لدفعه للأسفل.

c) قم بتسخين زيت الزيتون في مقلاة كبيرة لديك غطاء لها. ضعي لحم السفرجل المحفوظ في محضرة الطعام، واطحنيه جيدًا، ثم انقلي الخليط إلى المقلاة مع ما تبقى من البصل والزنجبيل وحبات الهيل. يُقلى لمدة 10 إلى 12 دقيقة، حتى ينضج البصل. أضف دبس السكر، وملعقة كبيرة من عصير الليمون، والسكر، والمرق، ونصف ملعقة صغيرة من الملح، وبعض الفلفل الأسود واخلطهم جيدًا. أضيفي نصفي السفرجل إلى الصلصة، مع توجيه حشوة اللحم لأعلى، ثم خففي الحرارة حتى ينضج على نار هادئة، ثم غطي المقلاة، واتركيها على نار هادئة لمدة 30 دقيقة تقريبًا. في النهاية يجب أن يكون السفرجل طريًا تمامًا، واللحم مطهوًا جيدًا، والصلصة سميكة. ارفعي الغطاء واتركيه على نار خفيفة لمدة دقيقة أو دقيقتين لتقليل الصلصة إذا لزم الأمر.

d) يُقدم الطبق دافئًا أو في درجة حرارة الغرفة، ويُرش بالكزبرة وبذور الرمان.

67. "كعكة" اللفت ولحم العجل

يجعل: 4

مكونات

- ⅔ كوب / 300 جرام أرز بسمتي
- 14 أونصة / 400 جرام من لحم العجل أو لحم الضأن أو اللحم البقري
- ½ كوب / 30 جرام من البقدونس ذو الأوراق المسطحة المفرومة
- 1½ ملعقة صغيرة بهارات بهارات مشكلة (من المتجر أوانظر الوصفة)
- ½ ملعقة صغيرة قرفة مطحونة
- ½ ملعقة صغيرة رقائق تشيلي
- 2 ملعقة كبيرة زيت زيتون
- 10 إلى 15 حبة لفت متوسطة الحجم (إجمالي 3¼ رطل / 1.5 كجم)
- حوالي ثلث كوب / 400 مل زيت دوار الشمس
- 2 كوب / 300 جرام طماطم مفرومة، معلبة ناعماً
- 1½ ملعقة كبيرة معجون التمر الهندي
- ¾ كوب بالإضافة إلى 2 ملعقة كبيرة / 200 مل مرقة دجاج، ساخنة
- 1 كوب / 250 مل ماء
- 1½ ملعقة كبيرة سكر ناعم
- 2 أغصان زعتر، أوراق مقطّعة
- الملح والفلفل الأسود المطحون الطازج

تعليمات

a) يغسل الأرز ويصفى جيداً. ضعي في وعاء خلط كبير وأضيفي اللحم والبقدونس والبهارات والقرفة وملعقتين صغيرتين من الملح ونصف ملعقة صغيرة من الفلفل والفلفل الحار وزيت الزيتون. تخلط جيدا وتوضع جانبا.

b) قشر اللفت وقطعه إلى شرائح بسمك ⅜ بوصة / 1 سم. قم بتسخين ما يكفي من زيت عباد الشمس على نار متوسطة إلى عالية ليصل إلى ارتفاع ¾ بوصة / 2 سم على جوانب مقلاة كبيرة. اقلي شرائح اللفت على دفعات لمدة 3 إلى 4 دقائق لكل دفعة، حتى تصبح ذهبية اللون. ننقلها إلى طبق مفروش بالمناشف الورقية، ونرش عليها القليل من الملح، ونتركها حتى تبرد.

c) ضعي الطماطم، والتمر الهندي، والمرق، والماء، والسكر، وملعقة صغيرة من الملح، ونصف ملعقة صغيرة من الفلفل في وعاء خلط كبير. خففت جيدا. صب حوالي ثلث هذا السائل في قدر متوسطة الحجم ذات قاع ثقيل (قطرها 9½ بوصة / 24 سم). رتب ثلث شرائح اللفت بالداخل. أضيفي نصف خليط الأرز واستوي. رتبي طبقة أخرى من اللفت، يليها النصف الثاني من الأرز. أنهي العملية بآخر حبات اللفت، مع الضغط برفق بيديك. نسكب ما تبقى من سائل الطماطم فوق طبقات اللفت والأرز ونرشها بالزعتر. قم بتحريك ملعقة بلطف أسفل جوانب الوعاء للسماح للعصائر بالتدفق إلى القاع.

d) يوضع على نار متوسطة ويترك حتى يغلي. خفض الحرارة إلى الحد الأدنى المطلق، والغطاء، ويترك على نار خفيفة لمدة 1 ساعة. أطفئي النار واكشفي الغطاء واتركيه يرتاح لمدة 10 إلى 15 دقيقة قبل التقديم. لسوء الحظ، من المستحيل قلب الكعكة على طبق لأنها لا تحافظ على شكلها، لذلك يجب سكبها بالملعقة.

68. هانوكا البصل المحشو

الكمية: حوالي 16 بصلة محشية

مكونات

- 4 حبات بصل كبيرة (2 رطل / 900 جرام إجمالاً، الوزن المقشر) حوالي 1⅔ كوب / 400 مل من مرق الخضار
- 1½ ملعقة كبيرة دبس الرمان
- الملح والفلفل الأسود المطحون الطازج
- حشوة
- 1½ ملعقة كبيرة زيت زيتون
- 1 كوب / 150 جرام من الكراث المفروم ناعماً
- نصف كوب / 100 جرام أرز قصير الحبة
- ¼ كوب / 35 جرام صنوبر مطحون
- 2 ملعقة كبيرة نعناع طازج مفروم
- 2 ملعقة كبيرة من البقدونس ذو الأوراق المسطحة المفرومة
- 2 ملعقة صغيرة نعناع مجفف
- 1 ملعقة صغيرة كمون مطحون
- ⅛ ملعقة صغيرة قرنفل مطحون
- ¼ ملعقة صغيرة من البهارات المطحونة
- ¾ ملعقة صغيرة ملح
- ½ ملعقة صغيرة فلفل أسود مطحون طازج
- 4 شرائح ليمون (اختياري)

تعليمات

a) يُقشر البصل ويُقطع حوالي ¼ بوصة / 0.5 سم من أعلى وذيول البصل، ويُوضع البصل المُقطع في قدر كبيرة مع الكثير من الماء، ويُترك حتى يغلي، ويُطهى لمدة 15 دقيقة. يصفى ويوضع جانبا ليبرد.

b) لتحضير الحشوة، سخني زيت الزيتون في مقلاة متوسطة على نار متوسطة إلى عالية وأضيفي الكراث. يُقلى المزيج لمدة 8 دقائق مع التحريك باستمرار، ثم تُضاف جميع المكونات المتبقية باستثناء شرائح الليمون. خفض الحرارة إلى درجة منخفضة واستمر في الطهي والتحريك لمدة 10 دقائق.

c) باستخدام سكين صغير، اصنعي قطعًا طويلًا من أعلى البصلة إلى أسفلها، حتى منتصفها، بحيث تحتوي كل طبقة من البصل على شق واحد فقط يمر عبرها. ابدأ بفصل طبقات البصل برفق، واحدة تلو الأخرى، حتى تصل إلى اللب. لا تقلق إذا تمزقت بعض الطبقات قليلًا خلال عملية التقشير؛ لا يزال بإمكانك استخدامها.

d) أمسكي طبقة من البصل بيد واحدة ثم ضعي حوالي ملعقة كبيرة من خليط الأرز في نصف البصلة، وضعي الحشوة بالقرب من أحد طرفي الفتحة. لا تميل إلى ملئه أكثر، لأنه يجب أن يكون ملفوفًا بشكل لطيف ومريح. قم بطي الجانب الفارغ من البصل فوق الجانب المحشو ولفه بإحكام حتى يتم تغطية الأرز ببضع طبقات من البصل مع عدم وجود هواء في المنتصف. ضعيها في مقلاة متوسطة الحجم ذات غطاء، بحيث تكون جهة التماس لأسفل، واستمري في إضافة خليط البصل والأرز المتبقي. ضعي البصل جنبًا إلى جنب في المقلاة، حتى لا يكون هناك مساحة للتحرك. املأ أي فراغ بأجزاء البصل التي لم يتم حشوها. أضيفي كمية كافية من المرق بحيث يغطي البصل ثلاثة أرباعه، مع دبس الرمان، وتبليه بربع ملعقة صغيرة من الملح.

e) غطي المقلاة واتركيها على نار هادئة على أقل درجة حرارة ممكنة لمدة تتراوح بين ساعة ونصف إلى ساعتين، حتى يتبخر السائل. قدميها دافئة أو في درجة حرارة الغرفة، مع شرائح الليمون إذا أردت.

69. حانوكا افتح الكبة

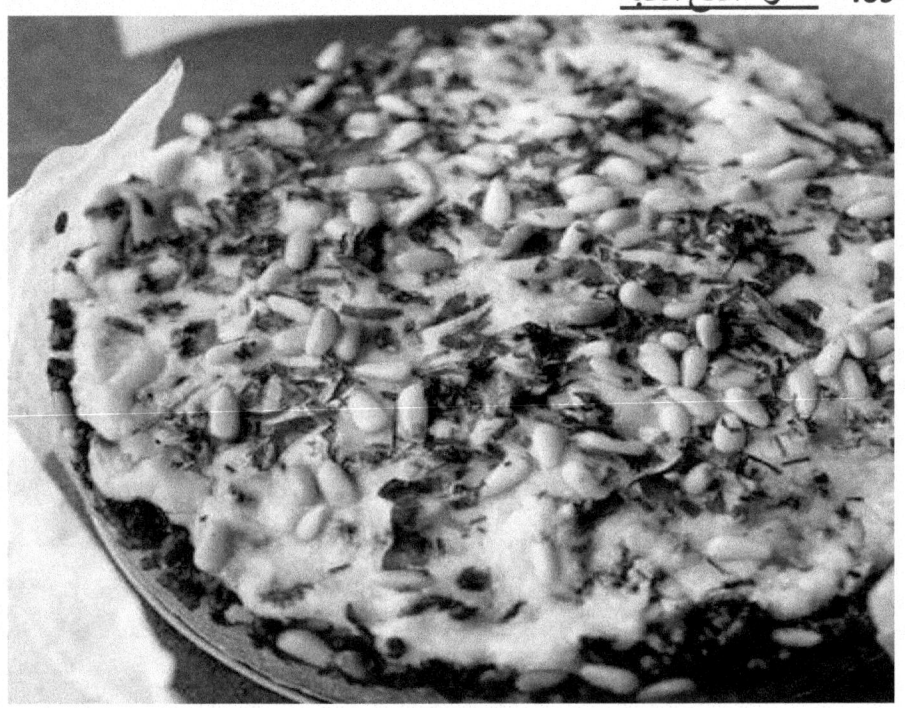

يجعل: 6

مكونات

- 1 كوب / 125 جرام برغل ناعم
- 1 كوب / 200 مل ماء
- 6 ملاعق كبيرة / 90 مل زيت زيتون
- 2 فص ثوم، مطحون
- 2 بصلة متوسطة، مفرومة ناعماً
- 1 فليفلة خضراء، مفرومة ناعماً
- 12 أونصة / 350 جرام لحم ضأن مفروم
- 1 ملعقة صغيرة من البهارات المطحونة
- 1 ملعقة صغيرة قرفة مطحونة
- 1 ملعقة صغيرة كزبرة مطحونة
- 2 ملعقة كبيرة كزبرة مفرومة خشناً
- نصف كوب / 60 جرام صنوبر
- 3 ملاعق كبيرة من أوراق البقدونس المسطحة المفرومة بشكل خشن
- 2 ملعقة كبيرة دقيق ذاتي التخمير، بالإضافة إلى كمية إضافية إذا لزم الأمر
- 3½ ملعقة كبيرة / 50 جرام معجون طحينة خفيف
- 2 ملعقة صغيرة عصير ليمون طازج
- 1 ملعقة صغيرة سماق
- الملح والفلفل الأسود المطحون الطازج

تعليمات

a) سخني الفرن إلى 400 درجة فهرنهايت / 200 درجة مئوية. قم بتغطية قالب سبرينغفورم مقاس 8 بوصة / 20 سم بورق مشمع.

b) نضع البرغل في وعاء كبير ونغمره بالماء. اتركيه لمدة 30 دقيقة.

c) في هذه الأثناء، سخني 4 ملاعق كبيرة من زيت الزيتون في مقلاة كبيرة على نار متوسطة إلى عالية. يُقلى الثوم والبصل والفلفل الحار حتى ينضج تمامًا. أخرجي كل شيء من المقلاة وأعيديها إلى نار عالية وأضيفي لحم الضأن. يُطهى لمدة 5 دقائق مع التحريك المستمر حتى يصبح لونه بنيًا.

d) أعيدي خليط البصل إلى المقلاة وأضيفي البهارات والكزبرة ونصف ملعقة صغيرة ملح وكمية كبيرة من الفلفل الأسود المطحون وأغلب الصنوبر والبقدونس واتركي القليل منه جانباً. يُطهى المزيج لبضع دقائق ثم يُرفع عن النار ويُذوق ويُضبط التتبيل.

e) افحص البرغل لمعرفة ما إذا كان قد تم امتصاص كل الماء. استنزاف لإزالة أي سائل متبقي. أضف الدقيق، وملعقة كبيرة من زيت الزيتون، ونصف ملعقة صغيرة من الملح، وقليل من الفلفل الأسود واستخدم يديك لعمل كل شيء في خليط مرن يتماسك معًا؛ أضف القليل من الدقيق إذا كان الخليط لزجًا جدًا. ادفع بقوة على الجزء السفلي من المقلاة الزنبركية بحيث يتم ضغطها وتسويتها. يُوزّع خليط لحم الضأن بالتساوي في الأعلى ويُضغط عليه قليلاً. اخبزيها لمدة 20 دقيقة تقريبًا، حتى يصبح اللحم بنيًا غامقًا وساخنًا جدًا.

f) أثناء الانتظار، اخفقي معجون الطحينة مع عصير الليمون، و3½ ملاعق كبيرة / 50 مل من الماء، وقليل من الملح. أنت تبحث عن صلصة سميكة جدًا وقابلة للسكب. إذا لزم الأمر، أضف القليل من الماء الإضافي.

g) أخرجي كعكة الكبة من الفرن، وزّعي صلصة الطحينة فوقها بالتساوي، ثم رشّي عليها الصنوبر المحفوظ والبقدونس المفروم، وأعيديها إلى الفرن فوراً. اخبزيها لمدة 10 إلى 12 دقيقة، حتى تنضج الطحينة وتكتسب القليل من اللون، ويصبح الصنوبر ذهبي اللون.

h) نخرجها من الفرن ونتركها لتبرد حتى تصبح دافئة أو بدرجة حرارة الغرفة. قبل التقديم، رشي الجزء العلوي بالسماق ورشي عليه الزيت المتبقي. أزيلي جوانب المقلاة بعناية، وقطعي الكبة إلى شرائح. ارفعهم بلطف حتى لا ينكسروا.

.70 كبة هموستا

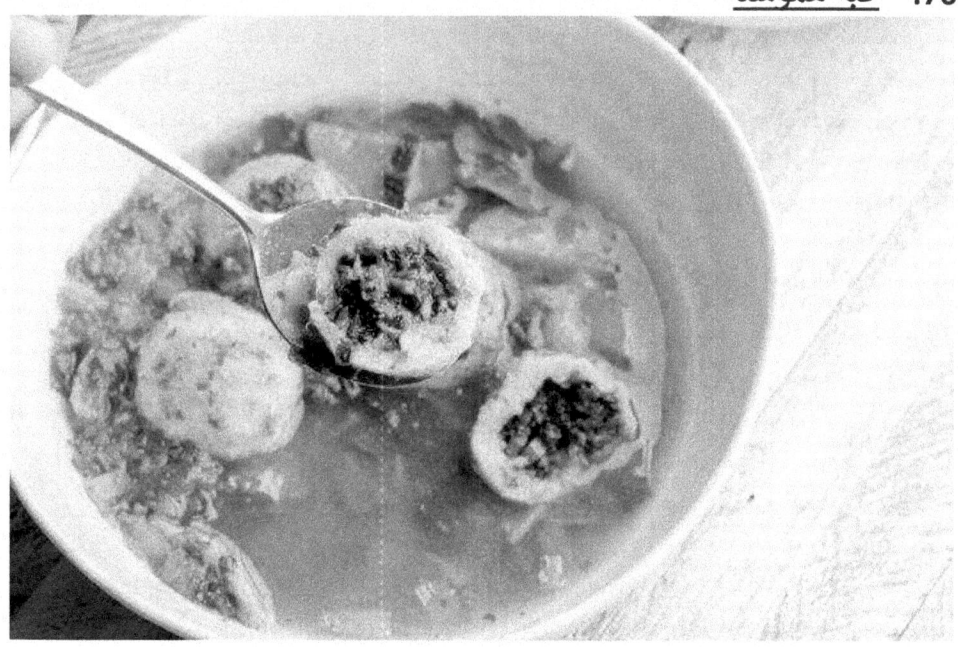

يجعل: 6

مكونات

حشوة الكبة

- 1½ ملعقة كبيرة زيت دوار الشمس
- ½ بصلة متوسطة مفرومة ناعماً جداً (½ كوب / 75 جم إجمالاً)
- 12 أونصة / 350 جرام لحم بقري مفروم
- ½ ملعقة صغيرة من البهارات المطحونة
- 1 فص ثوم كبير، مطحون
- 2 سيقان كرفس شاحبة، مفرومة ناعماً جداً، أو كمية مساوية من أوراق الكرفس المفرومة (½ كوب / 60 جم إجمالاً)
- الملح والفلفل الأسود المطحون الطازج
- قضايا كبة
- 2 كوب / 325 جرام سميد
- 5 ملاعق كبيرة / 40 جرام دقيق متعدد الأغراض
- 1 كوب / 220 مل ماء ساخن
- حساء
- 4 فصوص من الثوم المهروس
- 5 سيقان كرفس وأوراق مقطّعة ومقطّعة بزاوية إلى شرائح بحجم ⅔ بوصة / 1.5 سم (2 كوب / 230 جم إجمالاً)
- 10½ أونصة / 300 جرام من أوراق السلق السويسرية، الجزء الأخضر فقط، مقطعة إلى شرائح بحجم ⅔ بوصة / 2 سم
- 2 ملعقة كبيرة زيت دوار الشمس
- 1 بصلة كبيرة، مفرومة بشكل خشن (1¼ كوب / 200 جرام إجمالاً)
- 2 لتر / 2 لتر مرقة دجاج
- 1 كوسة كبيرة، مقطعة إلى مكعبات بحجم ⅜ بوصة / 1 سم (1⅔ كوب / 200 جرام إجمالاً)
- 6½ ملعقة كبيرة / 100 مل من عصير الليمون الطازج، بالإضافة إلى كمية إضافية إذا لزم الأمر
- شرائح ليمون، للتقديم

تعليمات

a) أولاً نقوم بتحضير حشوة اللحم. سخني الزيت في مقلاة متوسطة الحجم، وأضيفي البصل. يُطهى على نار متوسطة حتى يصبح شفافًا، لمدة 5 دقائق تقريبًا. أضيفي اللحم البقري، والبهارات، ونصف ملعقة صغيرة من الملح، وطحن جيد من الفلفل

الأسود، وقلبي أثناء الطهي لمدة 3 دقائق فقط حتى يصبح لونه بنيًا. خففي الحرارة إلى متوسطة-منخفضة واتركي اللحم يطهى ببطء لمدة 20 دقيقة تقريباً، حتى يجف تماماً، مع التحريك من وقت لآخر. في النهاية، أضيفي الثوم والكرفس، واطهيه لمدة 3 دقائق أخرى، ثم ارفعيه عن النار. الذوق وضبط التوابل. السماح لتبرد.

b) أثناء طهي خليط اللحم البقري، قومي بتحضير علب الكبة. اخلطي السميد، الدقيق، وربع ملعقة صغيرة من الملح في وعاء خلط كبير. أضيفي الماء تدريجياً مع التحريك بملعقة خشبية ثم يديك حتى تحصلي على عجينة لزجة. غطيها بقطعة قماش مبللة واتركيها جانباً لترتاح لمدة 15 دقيقة.

c) اعجن العجينة لبضع دقائق على سطح العمل. يجب أن تكون مرنة وقابلة للانتشار دون تكسير. أضف القليل من الماء أو الدقيق إذا لزم الأمر. لتحضير الزلابية، أحضر وعاءً من الماء وبلل يديك (تأكد من أن يديك مبللة طوال العملية لمنع الالتصاق). خذ قطعة من العجين تزن حوالي 1 أونصة / 30 جم وقم بتسويتها في راحة يدك؛ أنت تستهدف الأقراص التي يبلغ قطرها 4 بوصات / 10 سم. ضعي حوالي ملعقتين صغيرتين من الحشوة في وسطها. قومي بطي الحواف فوق الحشوة لتغطيتها ثم أغلقيها بالداخل. لف الكبة بين يديك لتشكل كرة ثم اضغط عليها لأسفل حتى تصبح على شكل دائري مسطح بسمك حوالي 1¼ بوصة / 3 سم. ضعي الزلابية على صينية مغطاة بغطاء بلاستيكي ومرشوة بقليل من الماء واتركيها على جانب واحد.

d) لتحضير الحساء، ضعي الثوم ونصف الكرفس ونصف السلق في محضرة الطعام واطحنيها حتى تصبح عجينة خشنة. يُسخن الزيت في قدر كبيرة على نار متوسطة ويُقلى البصل لمدة 10 دقائق حتى يصبح ذهبي اللون. يُضاف معجون الكرفس والسلق ويُطهى لمدة 3 دقائق أخرى. أضيفي المرق، والكوسا، وما تبقى من الكرفس والسلق، وعصير الليمون، وملعقة صغيرة من الملح، ونصف ملعقة صغيرة من الفلفل الأسود. يُغلى المزيج ويُطهى لمدة 10 دقائق ثم يُذوق ويُضبط التتبيل. يجب أن يكون حادًا، لذا أضف ملعقة كبيرة أخرى من عصير الليمون إذا كنت بحاجة لذلك.

e) أخيرًا، أضف الكبة بعناية إلى الحساء - عدد قليل في كل مرة، حتى لا تلتصق ببعضها البعض - واتركها على نار هادئة لمدة 20 دقيقة. نتركها جانباً لمدة نصف ساعة حتى تستقر وتلين، ثم نعيد تسخينها وتقدم. ترافق مع إسفين من الليمون لركلة ليمون إضافية.

71. فلفل رومي محشي

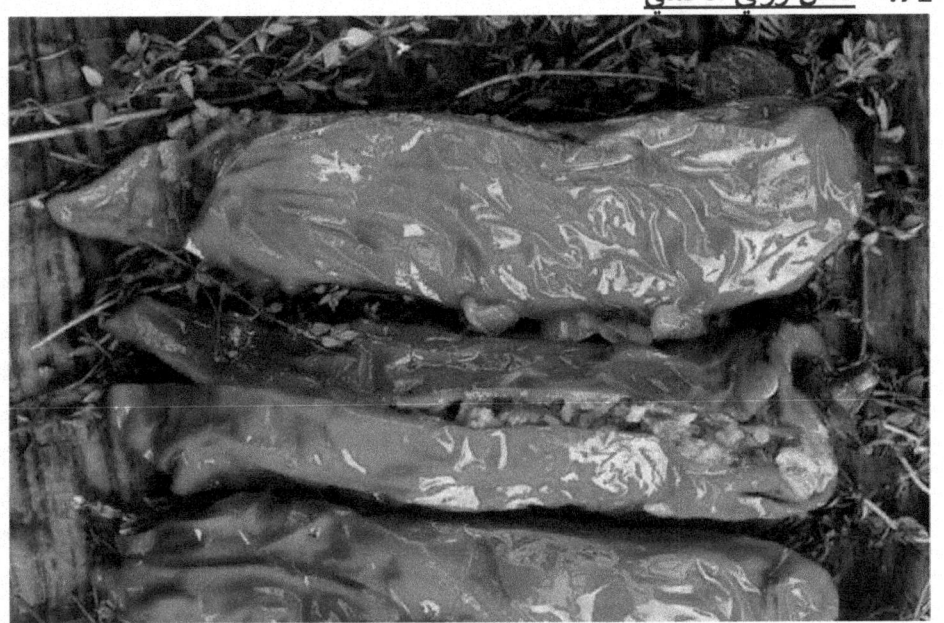

يجعل: 4 بسخاء

مكونات

- 8 حبات فلفل رومي متوسط الحجم أو أي نوع آخر من الفلفل الحلو
- 1 طماطم كبيرة، مفرومة بشكل خشن (1 كوب / 170 جم إجمالاً)
- 2 بصل متوسط الحجم، مفروم بشكل خشن (1⅔ كوب / 250 جم إجمالاً)
- حوالي 2 كوب / 500 مل من مرقة الخضار
- حشوة
- ¾ كوب / 140 جرام أرز بسمتي
- 1½ ملعقة كبيرة بهارات بهارات مشكلة (من المتجر أوانظر الوصفة)
- ½ ملعقة صغيرة هيل مطحون
- 2 ملعقة كبيرة زيت زيتون
- 1 بصلة كبيرة مفرومة ناعماً (1⅓ كوب / 200 جرام إجمالاً)
- 14 أونصة / 400 جرام لحم ضأن مفروم
- 2½ ملعقة كبيرة من البقدونس ذو الأوراق المسطحة المفرومة
- 2 ملعقة كبيرة شبت مفروم
- 1½ ملعقة كبيرة نعناع مجفف
- 1½ ملعقة صغيرة سكر
- الملح والفلفل الأسود المطحون الطازج

تعليمات

a) ابدأ بالحشوة. يوضع الأرز في قدر ويغطى بالماء المملح قليلاً. يُغلى المزيج ثم يُطهى لمدة 4 دقائق. يُصفّى، ويُنعش تحت الماء البارد، ويُترك جانبًا.

b) تقلى التوابل الجافة في مقلاة. يُضاف زيت الزيتون والبصل ويُقلى لمدة 7 دقائق تقريبًا، مع التحريك كثيرًا، حتى ينضج البصل. صب هذا مع الأرز واللحوم والأعشاب والسكر وملعقة صغيرة من الملح في وعاء خلط كبير. استخدم يديك لخلط كل شيء معًا جيدًا.

c) بدءًا من نهاية الساق، استخدم سكينًا صغيرًا لقطع ثلاثة أرباع الطريق إلى أسفل كل ثمرة فلفل، دون إزالة الساق، مما يؤدي إلى إنشاء فتحة طويلة. دون فتح الفلفل كثيرًا، أزيلي البذور ثم احشي كل حبة فلفل بكمية متساوية من الخليط.

d) ضعي الطماطم والبصل المقطعين في مقلاة كبيرة جدًا بحيث يكون لديك غطاء محكم. رتبي الفلفل في الأعلى وأغلقيه معًا ثم اسكبي كمية كافية من المرق بحيث يصل ارتفاعه إلى بوصة / 1 سم فوق جوانب الفلفل. يُتبل بنصف ملعقة صغيرة من الملح والقليل من الفلفل الأسود. غطي المقلاة بغطاء واتركيها على نار خفيفة على أقل حرارة ممكنة لمدة ساعة. من المهم أن يتم طهي الحشوة على البخار فقط، لذلك يجب أن يكون الغطاء محكمًا؛ تأكد من وجود القليل من السائل دائمًا في قاع المقلاة. يُقدم الفلفل دافئًا، وليس ساخنًا، أو في درجة حرارة الغرفة.

72. باذنجان محشو بلحم الضأن والصنوبر

يجعل: 4 بسخاء

مكونات

- 4 حبات باذنجان متوسطة الحجم (حوالي 2½ رطل / 1.2 كجم)، مقطعة إلى نصفين بالطول
- 6 ملاعق كبيرة / 90 مل زيت زيتون
- 1½ ملعقة صغيرة كمون مطحون
- 1½ ملعقة كبيرة بابريكا حلوة
- 1 ملعقة كبيرة قرفة مطحونة
- 2 بصل متوسط الحجم (12 أونصة / 340 جم إجمالاً)، مفروم جيدًا
- 1 رطل / 500 جرام لحم ضأن مفروم
- 7 ملاعق كبيرة / 50 جرام صنوبر
- ⅔ أوقية / 20 جرام من البقدونس ذو الأوراق المسطحة، المفروم
- 2 ملعقة صغيرة معجون طماطم
- 3 ملاعق سكر ناعم
- ⅔ كوب / 150 مل ماء
- 1½ ملعقة كبيرة عصير ليمون طازج
- 1 ملعقة صغيرة معجون التمر الهندي
- 4 أعواد قرفة
- الملح والفلفل الأسود المطحون الطازج

تعليمات

a) سخني الفرن إلى 425 درجة فهرنهايت / 220 درجة مئوية.

b) ضعي أنصاف الباذنجان، بحيث يكون جانب الجلد لأسفل، في صينية تحميص كبيرة بما يكفي لاستيعابها بشكل مريح. يُدهن اللحم بـ 4 ملاعق كبيرة من زيت الزيتون ويُتبل بملعقة صغيرة من الملح والكثير من الفلفل الأسود. اشويها لمدة 20 دقيقة تقريباً، حتى يصبح لونها بنياً ذهبياً. نخرجها من الفرن ونتركها لتبرد قليلاً.

c) أثناء طهي الباذنجان، يمكنك البدء في تحضير الحشوة عن طريق تسخين الملعقتين الكبيرتين المتبقيتين من زيت الزيتون في مقلاة كبيرة. اخلطي الكمون والبابريكا والقرفة المطحونة معًا وأضيفي نصف مزيج التوابل إلى المقلاة مع البصل. يُطهى على نار متوسطة الحرارة لمدة 8 دقائق تقريبًا مع التحريك كثيرًا قبل إضافة لحم الضأن والصنوبر والبقدونس ومعجون الطماطم وملعقة صغيرة من السكر وملعقة صغيرة ملح وبعض الفلفل الأسود. استمر في الطهي والتحريك لمدة 8 دقائق أخرى حتى ينضج اللحم.

d) ضعي مزيج التوابل المتبقي في وعاء وأضيفي إليه الماء، وعصير الليمون، والتمر الهندي، والملعقتين الصغيرتين المتبقيتين من السكر، وعيدان القرفة، ونصف ملعقة صغيرة من الملح. اخلط جيدا.

e) خفض درجة حرارة الفرن إلى 375 درجة فهرنهايت / 195 درجة مئوية. يُسكب مزيج التوابل في قاع صينية تحميص الباذنجان. يُسكب خليط لحم الضأن فوق كل حبة باذنجان. غطي المقلاة بإحكام بورق الألمنيوم، ثم أعيديها إلى الفرن واشويها لمدة ساعة ونصف، وعند هذه النقطة يجب أن يصبح الباذنجان طريًا تمامًا والصلصة سميكة؛ مرتين أثناء الطهي، أزيلي ورق الألمنيوم وادهني الباذنجان بالصلصة، وأضيفي بعض الماء إذا جفت الصلصة. يُقدم الطبق دافئًا، وليس ساخنًا، أو في درجة حرارة الغرفة.

73. البطاطس المحشوة

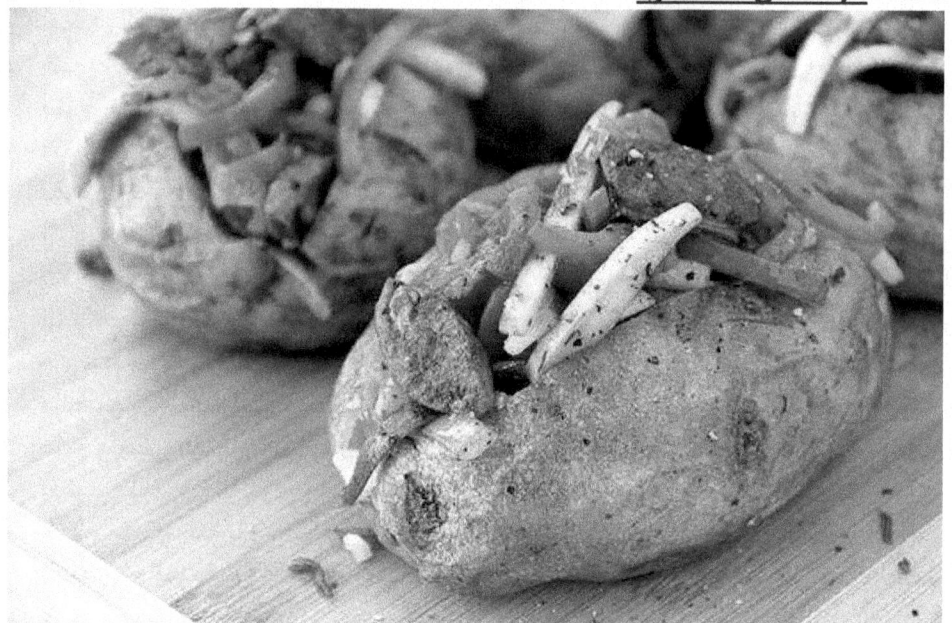

يجعل: 4 إلى 6

مكونات

- 1 رطل / 500 جرام لحم بقري مفروم
- حوالي 2 كوب / 200 جرام من فتات الخبز الأبيض
- 1 بصلة متوسطة الحجم، مفرومة ناعماً (¾ كوب / 120 جم إجمالاً)
- 2 فص ثوم، مطحون
- ⅔ أونصة / 20 جم من البقدونس ذو الأوراق المسطحة، المفروم جيدًا
- 2 ملعقة كبيرة أوراق زعتر، مفرومة
- 1½ ملعقة صغيرة قرفة مطحونة
- 2 بيضة كبيرة الحجم، مخفوقة
- 3¼ رطل / 1.5 كجم من بطاطس يوكون جولد متوسطة الحجم، حوالي 3¾ × 2¼ بوصة / 9 × 6 سم، مقشرة ومقطعة إلى نصفين بالطول
- 2 ملعقة كبيرة كزبرة مفرومة
- الملح والفلفل الأسود المطحون الطازج

صلصة الطماطم

- 2 ملعقة كبيرة زيت زيتون
- 5 فصوص من الثوم المهروس
- 1 بصلة متوسطة الحجم، مفرومة ناعماً (¾ كوب / 120 جم إجمالاً)
- 1½ سيقان كرفس، مفرومة ناعماً (⅔ كوب / 80 جم إجمالاً)
- 1 جزرة صغيرة مقشرة ومفرومة ناعماً (½ كوب / 70 جم إجمالاً)
- 1 فليفلة حمراء، مفرومة ناعماً
- 1½ ملعقة صغيرة كمون مطحون
- 1 ملعقة صغيرة من البهارات المطحونة
- قليل من البابريكا المدخنة
- 1½ ملعقة صغيرة بابريكا حلوة
- 1 ملعقة صغيرة من بذور الكراوية، مطحونة بالهاون والمدقة أو مطحنة التوابل
- علبة واحدة بحجم 28 أونصة / 800 جرام من الطماطم المقطعة
- 1 ملعقة كبيرة معجون التمر الهندي
- 1½ ملعقة صغيرة سكر ناعم

173

تعليمات

a) ابدأ بصلصة الطماطم. سخني زيت الزيتون في أوسع مقلاة لديك؛ ستحتاج أيضًا إلى غطاء لذلك. يُضاف الثوم والبصل والكرفس والجزر والفلفل الحار ويُقلى على نار خفيفة لمدة 10 دقائق حتى تنضج الخضار. أضيفي البهارات، وحركي جيدًا، واطهيه لمدة 2 إلى 3 دقائق. تُضاف الطماطم المفرومة، والتمر الهندي، والسكر، ونصف ملعقة صغيرة من الملح، وبعض الفلفل الأسود، ويُترك حتى يغلي. إزالة من الحرارة.

b) لتحضير البطاطس المحشوة، ضعي اللحم البقري، وفتات الخبز، والبصل، والثوم، والبقدونس، والزعتر، والقرفة، وملعقة صغيرة من الملح، والقليل من الفلفل الأسود، والبيض في وعاء الخلط. استخدمي يديك لدمج جميع المكونات جيدًا.

c) قم بتجويف كل نصف حبة بطاطس باستخدام كرة البطيخ أو ملعقة صغيرة، لتكوين قشرة يبلغ سمكها ⅔ بوصة / 1.5 سم. قومي بحشو خليط اللحم في كل تجويف باستخدام يديك لدفعه إلى الأسفل حتى يملأ البطاطس بالكامل. اضغطي جميع حبات البطاطس بعناية داخل صلصة الطماطم بحيث تكون قريبة من بعضها البعض، بحيث تكون حشوة اللحم متجهة للأعلى. أضف حوالي 1¼ كوب / 300 مل من الماء، أو ما يكفي لتغطية الفطائر بالصلصة تقريبًا، واتركها على نار هادئة، ثم غطي المقلاة بغطاء، واتركها تطهو ببطء لمدة ساعة على الأقل أو أكثر، حتى تنضج الصلصة. سميكة والبطاطس طرية جدًا. إذا لم تصبح الصلصة سميكة بدرجة كافية، أزيلي الغطاء واتركيها لمدة 5 إلى 10 دقائق. يقدم ساخناً أو دافئاً، ويزين بالكزبرة.

74. الخرشوف المحشو بالبازلاء والشبت

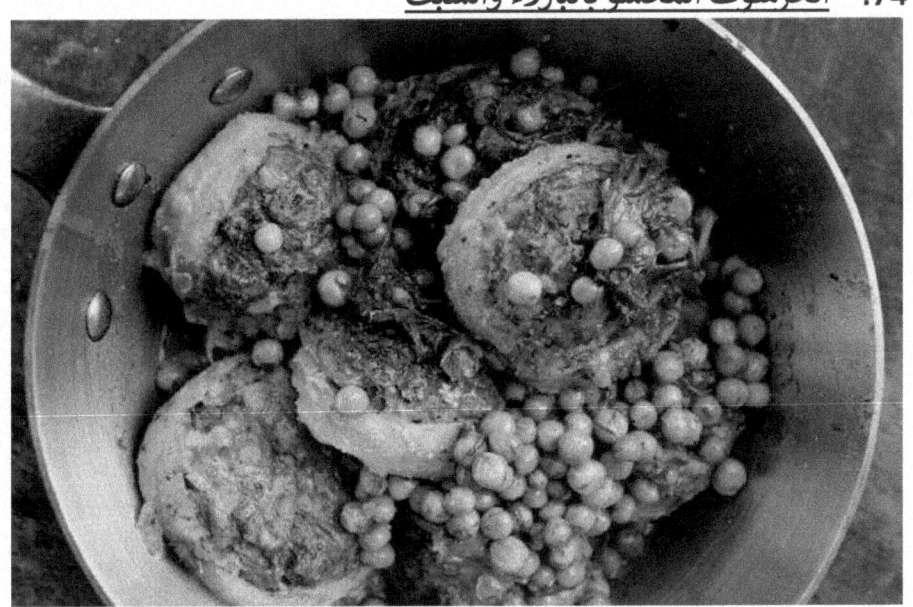

يجعل: 4

مكونات

- 14 أونصة / 400 جرام من الكراث، مشذب ومقطع إلى شرائح بحجم ¼ بوصة / 0.5 سم
- 9 أوقية / 250 جرام لحم بقري مفروم
- 1 بيضة كبيرة الحجم
- 1 ملعقة صغيرة من البهارات المطحونة
- 1 ملعقة صغيرة قرفة مطحونة
- 2 ملعقة صغيرة نعناع مجفف
- 12 حبة خرشوف متوسطة الحجم أو قيعان خرشوف مجمدة مذابة (انظر المقدمة)
- 6 ملاعق كبيرة / 90 مل عصير ليمون طازج، بالإضافة إلى عصير نصف ليمونة في حالة استخدام الخرشوف الطازج
- ⅓ كوب / 80 مل زيت زيتون
- دقيق لجميع الأغراض لتغطية الخرشوف
- حوالي 2 كوب / 500 مل من مرق الدجاج أو الخضار
- ½ كوب / 200 جرام بازلاء مجمدة
- ⅓ أوقية / 10 جرام شبت مفروم خشنًا
- الملح والفلفل الأسود المطحون الطازج

تعليمات

a) تسلق الكراث في الماء المغلي لمدة 5 دقائق. قم بتصفية الماء وتحديثه وعصره.

b) يُقطع الكراث بشكل خشن ويوضع في وعاء الخلط مع اللحم والبيض والبهارات والنعناع وملعقة صغيرة من الملح والكثير من الفلفل. يقلب جيدا.

c) إذا كنت تستخدم الخرشوف الطازج، قم بإعداد وعاء من الماء وعصير نصف ليمونة. انزع ساق الخرشوف وانزع الأوراق الخارجية القاسية. بمجرد وصولك إلى الأوراق الناعمة والشاحبة، استخدم سكينًا حادًا كبيرًا لتقطيع الزهرة بحيث يتبقى لك الربع السفلي. استخدم سكينًا صغيرًا حادًا أو مقشرة خضروات لإزالة الطبقات الخارجية من الخرشوف حتى تنكشف القاعدة أو القاع. اكشط "الخنق" المشعر وضع القاعدة في الماء المحمض. تخلصي من الباقي، ثم كرري ذلك مع الخرشوف الأخرى.

d) ضعي ملعقتين كبيرتين من زيت الزيتون في قدر واسعة بما يكفي لوضع الخرشوف بشكل مسطح وسخنيه على نار متوسطة. املأ كل قاع خرشوف بملعقة أو ملعقتين كبيرتين من خليط اللحم البقري، ثم اضغط على الحشوة. ثم قم بلف القيعان برفق في بعض الدقيق، ثم غلفها بخفة ونفض الفائض. تقلى في الزيت الساخن لمدة دقيقة

ونصف على كل جانب. امسح المقلاة ونظفها وأعد الخرشوف إلى المقلاة، ورتبها بشكل مسطح وبشكل مريح جنبًا إلى جنب.

e) اخلطي المرق وعصير الليمون والزيت المتبقي وتبليه بسخاء بالملح والفلفل. تُغرف ملاعق كبيرة من السائل فوق الخرشوف حتى تغمره المياه تقريبًا، ولكن ليس تمامًا؛ قد لا تحتاج إلى كل السائل. ضعي قطعة من ورق البرشمان فوق الخرشوف، ثم غطي المقلاة بغطاء، واتركيها على نار خفيفة على نار خفيفة لمدة ساعة. عندما تصبح جاهزة، يجب أن يبقى حوالي 4 ملاعق كبيرة فقط من السائل. إذا لزم الأمر، قم بإزالة الغطاء والورق وتقليل الصلصة. ضعي المقلاة جانباً حتى يصبح الخرشوف دافئاً أو في درجة حرارة الغرفة.

f) عندما تصبح جاهزة للتقديم، قم بسلق البازلاء لمدة دقيقتين. صفيها وأضيفيها مع الشبت إلى المقلاة مع الخرشوف، وتبليها حسب الذوق، واخلطي كل شيء معًا بلطف.

177

75. دجاج مشوي مع خرشوف القدس

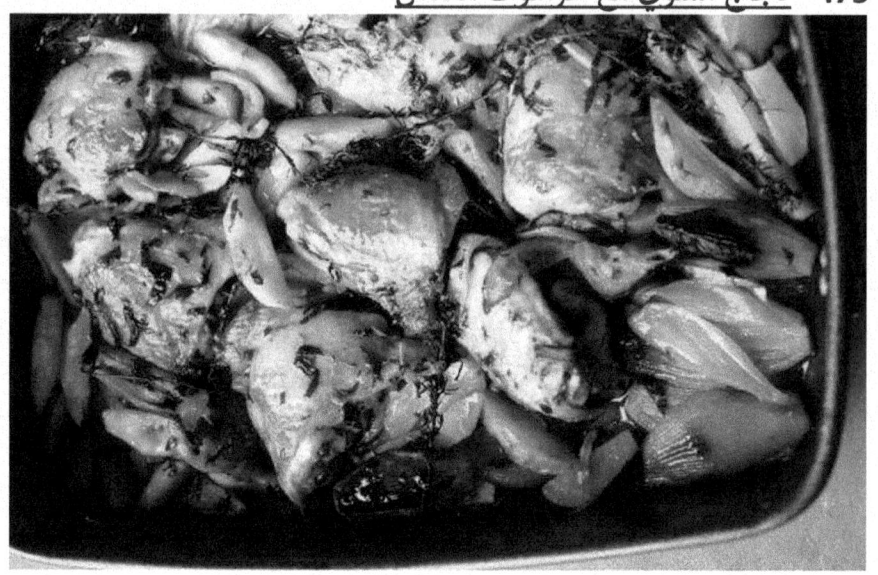

يجعل: 4

مكونات

- 1 رطل / 450 جرام من خرشوف القدس، مقشر ومقطع بالطول إلى 6 أسافين بسمك 1.5 سم
- 3 ملاعق كبيرة عصير ليمون طازج
- 8 أفخاذ دجاج بالجلد والعظم، أو 1 دجاجة كاملة متوسطة الحجم، مقطعة إلى أرباع
- 12 موزة أو كراث كبير آخر، مقطعة إلى نصفين بالطول
- 12 فص ثوم كبير الحجم، مقطع إلى شرائح
- 1 ليمونة متوسطة الحجم مقطعة إلى نصفين بالطول ثم مقطعة إلى شرائح رفيعة جدًا
- 1 ملعقة صغيرة خيوط زعفران
- 3½ ملعقة كبيرة / 50 مل زيت زيتون
- ¾ كوب / 150 مل ماء بارد
- ¼ ملعقة كبيرة من الفلفل الوردي، مطحون قليلاً
- ربع كوب / 10 جرام من أوراق الزعتر الطازجة
- 1 كوب / 40 جرام من أوراق الطرخون، مقطعة
- 2 ملعقة صغيرة ملح
- ½ ملعقة صغيرة فلفل أسود مطحون طازج

تعليمات

a) ضعي الخرشوف القدس في قدر متوسطة الحجم، وغطيه بكمية كبيرة من الماء، وأضيفي عصير نصف ليمونة. يُغلى المزيج ثم يُخفض الحرارة ويُترك على نار خفيفة لمدة تتراوح بين 10 إلى 20 دقيقة حتى يصبح طريًا ولكن ليس طريًا. يصفى ويترك ليبرد.

b) ضع الخرشوف القدس وجميع المكونات المتبقية، باستثناء عصير الليمون المتبقي ونصف كمية الطرخون، في وعاء خلط كبير واستخدم يديك لخلط كل شيء معًا جيدًا. نغطيها ونتركها في الثلاجة ليلة كاملة، أو لمدة ساعتين على الأقل.

c) سخني الفرن إلى 475 درجة فهرنهايت / 240 درجة مئوية. رتبي قطع الدجاج، بحيث يكون الجلد لأعلى، في وسط صينية التحميص ثم وزعي المكونات المتبقية حول الدجاج. مشوي لمدة 30 دقيقة. غطي المقلاة بورق الألمنيوم واطهيها لمدة 15 دقيقة إضافية. في هذه المرحلة، يجب أن يكون الدجاج قد نضج تماما. نخرجها من الفرن ونضيف الطرخون وعصير الليمون المحفوظ. يقلب جيدًا ويذوق ويضاف المزيد من الملح إذا لزم الأمر. يخدم في وقت واحد.

76. دجاج مسلوق مع الفريكة

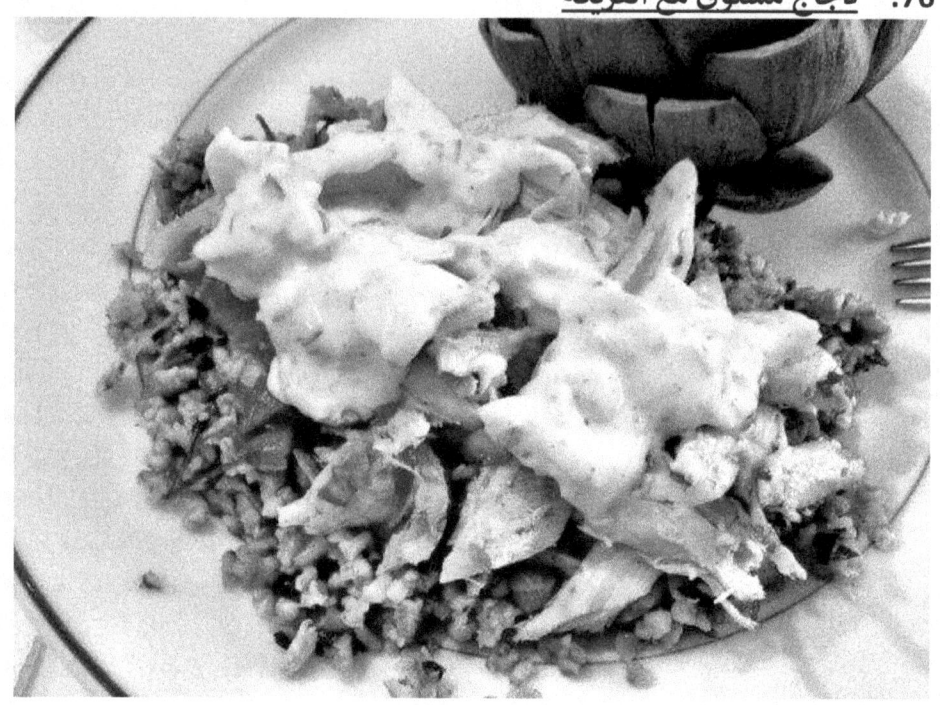

يجعل: 4 بسخاء

مكونات

- 1 دجاجة صغيرة الحجم، حوالي 3¼ رطل / 1.5 كجم
- 2 عود قرفة طويل
- 2 جزرة متوسطة الحجم، مقشرة ومقطعة إلى شرائح بسمك ¾ بوصة / 2 سم
- 2 ورق غار
- 2 باقة من البقدونس ذات الأوراق المسطحة (حوالي 2½ أونصة / 70 جم إجمالاً)
- 2 بصلة كبيرة
- 2 ملعقة كبيرة زيت زيتون
- 2 كوب / 300 جرام فريكة مطحونة
- ½ ملعقة صغيرة من البهارات المطحونة
- ½ ملعقة صغيرة كزبرة مطحونة
- 2½ ملعقة كبيرة / 40 جرام زبدة غير مملحة
- ⅔ كوب / 60 جرام من اللوز المقطع
- الملح والفلفل الأسود المطحون الطازج

تعليمات

a) ضعي الدجاج في وعاء كبير، مع القرفة، والجزر، وأوراق الغار، وحفنة من البقدونس، وملعقة صغيرة من الملح. ربع بصلة وأضيفها إلى القدر. أضف الماء البارد لتغطية الدجاج تقريبًا. يُغلى المزيج ويُترك على نار خفيفة ويُغطى لمدة ساعة واحدة، مع إزالة أي زيت ورغوة من السطح أحيانًا.

b) في منتصف مدة طبخ الدجاج تقريبًا، قطعي البصلة الثانية إلى شرائح رفيعة وضعيها في قدر متوسطة الحجم مع زيت الزيتون. تقلى على نار متوسطة إلى منخفضة لمدة 12 إلى 15 دقيقة، حتى يتحول البصل إلى اللون البني الذهبي والناعم. أضيفي الفريكة، والبهارات، والكزبرة، ونصف ملعقة صغيرة من الملح، والقليل من الفلفل الأسود. يُحرَّك المزيج جيدًا ثم يُضاف 2½ كوب / 600 مل من مرق الدجاج. تحويل الحرارة إلى متوسطة عالية. بمجرد أن يغلي المرق، قم بتغطية المقلاة وخفض الحرارة. يُترك على نار خفيفة لمدة 20 دقيقة، ثم يُرفع عن النار ويُترك مغطى لمدة 20 دقيقة أخرى.

c) قم بإزالة الأوراق من حزمة البقدونس المتبقية وقم بتقطيعها بشكل غير ناعم. أضف معظم البقدونس المفروم إلى الفريكة المطبوخة، واخلطها بالشوكة.

d) ارفعي الدجاج من المرق وضعيه على لوح التقطيع. قم بنحت الصدور بعناية وتقطيعها إلى شرائح رفيعة بزاوية؛ إزالة اللحم من الساقين والفخذين. إبقاء الدجاج والفريكة دافئة.

e) عندما تصبح جاهزة للتقديم، ضعي الزبدة واللوز وبعض الملح في مقلاة صغيرة واقليها حتى تصبح ذهبية اللون. تُسكب الفريكة في أطباق التقديم الفردية أو في طبق واحد. ضعي فوقها لحم الساق والفخذ، ثم رتّبي شرائح الصدر بشكل مرتب فوقها. أنهي الطبق باللوز والزبدة ورشة من البقدونس.

77. دجاج مع البصل و الأرز بالهيل

يجعل: 4

مكونات

- 3 ملاعق كبيرة / 40 جرام سكر
- 3 ملاعق كبيرة / 40 مل ماء
- 2½ ملعقة كبيرة / 25 جم من البرباريس (أو الكشمش)
- 4 ملاعق زيت زيتون
- 2 بصل متوسط الحجم، مقطع إلى شرائح رفيعة (2 كوب / 250 جم إجمالاً)
- 2¼ رطل / 1 كجم من أفخاذ الدجاج بالجلد والعظم، أو 1 دجاجة كاملة، مقطعة إلى أرباع
- 10 حبات هيل
- مدور ¼ ملعقة صغيرة فصوص كاملة
- 2 عود قرفة طويل، مقسم إلى قسمين
- ⅔ كوب / 300 جرام أرز بسمتي
- ¼ 2 كوب / 550 مل ماء مغلي
- 1½ ملعقة كبيرة / 5 جرام من أوراق البقدونس المسطحة، المفرومة
- نصف كوب / 5 جرام من أوراق الشبت المفرومة
- ¼ كوب / 5 جرام أوراق كزبرة مفرومة
- ⅓ كوب / 100 جرام زبادي يوناني مخلوط مع 2 ملعقة كبيرة زيت زيتون (اختياري)
- الملح والفلفل الأسود المطحون الطازج

تعليمات

a) ضعي السكر والماء في قدر صغير، واتركيه على النار حتى يذوب السكر. نرفعه عن النار، ونضيف إليه البرباريس، ونتركه جانباً لينقع. إذا كنت تستخدم الكشمش، فلن تحتاج إلى نقعه بهذه الطريقة.

b) في هذه الأثناء، سخني نصف زيت الزيتون في مقلاة كبيرة لديك غطاء على نار متوسطة، ثم أضيفي البصل، واطهيه لمدة 10 إلى 15 دقيقة، مع التحريك من حين لآخر، حتى يتحول البصل إلى اللون البني الذهبي العميق. انقل البصل إلى وعاء صغير وامسح المقلاة نظيفة.

c) ضعي الدجاج في وعاء خلط كبير وتبليه بملعقة صغيرة من كل من الملح والفلفل الأسود. أضف ما تبقى من زيت الزيتون والهيل والقرنفل والقرفة واستخدم يديك لخلط كل شيء معًا جيدًا. نسخن المقلاة مرة أخرى ونضع فيها الدجاج والبهارات. احمرها لمدة 5 دقائق على كل جانب ثم أخرجها من المقلاة (وهذا مهم لأنه يطبخ الدجاج جزئيًا). يمكن أن تبقى التوابل في المقلاة، لكن لا تقلقي إذا التصقت بالدجاج. قم بإزالة معظم الزيت المتبقي أيضًا، مع ترك طبقة رقيقة فقط في الأسفل. يُضاف الأرز والبصل المكرمل وملعقة صغيرة ملح وكمية كبيرة من الفلفل الأسود. استنزاف البرباريس وأضفها أيضًا. يُحرَّك المزيج جيدًا ويُعاد الدجاج المحمر إلى المقلاة ويدفعه إلى الأرز.

d) يُسكب الماء المغلي فوق الأرز والدجاج، ويُغطى القدر، ويُطهى على نار خفيفة جدًا لمدة 30 دقيقة. ارفعي المقلاة عن النار، وأزيلي الغطاء، ثم ضعي منشفة شاي نظيفة فوق المقلاة بسرعة، وأغلقيها مرة أخرى بالغطاء. اترك الطبق دون إزعاج لمدة 10 دقائق أخرى. أخيرًا، أضيفي الأعشاب واستخدمي الشوكة لتقليبها وتقليب الأرز. تذوق وأضف المزيد من الملح والفلفل إذا لزم الأمر. تقدم ساخنة أو دافئة مع الزبادي إذا أردت.

78. الكبد المفروم

يجعل: 4 إلى 6

مكونات

- 6½ ملعقة كبيرة / 100 مل من دهن الإوز أو البط المذاب
- 2 بصل كبير، مقطع إلى شرائح (حوالي 3 أكواب / 400 جرام إجمالاً)
- 14 أونصة / 400 جرام من كبد الدجاج، مُنظفة ومقسمة إلى قطع بحجم 1¼ بوصة / 3 سم تقريبًا
- 5 بيضات كبيرة الحجم، مسلوقة جيداً
- 4 ملاعق كبيرة من نبيذ الحلوى
- 1 ملعقة صغيرة ملح
- ½ ملعقة صغيرة فلفل أسود مطحون طازج
- 2 إلى 3 حبات بصل أخضر، مقطعة إلى شرائح رفيعة
- 1 ملعقة كبيرة كزبرة مفرومة

تعليمات

a) ضعي ثلثي دهن الإوز في مقلاة كبيرة واقلي البصل على نار متوسطة لمدة 10 إلى 15 دقيقة مع التحريك من حين لآخر حتى يصبح لونه بنياً غامقاً. أخرج البصل من المقلاة، وادفعه للأسفل قليلاً أثناء قيامك بذلك، بحيث يتبقى لديك بعض الدهون في المقلاة. أضف القليل من الدهون إذا لزم الأمر. أضف الكبد واطهيها لمدة تصل إلى 10 دقائق، مع التحريك من وقت لآخر، حتى تنضج بشكل صحيح في المنتصف، ويجب ألا يخرج دم في هذه المرحلة.

b) نخلط الكبدة مع البصل قبل تقطيعهما معاً. أفضل طريقة للقيام بذلك هي استخدام مفرمة اللحم، ومعالجة الخليط مرتين للحصول على القوام المناسب. إذا لم يكن لديك مفرمة لحم، فإن معالج الطعام جيد أيضًا. قم بضرب البصل والكبد على دفعتين أو ثلاث دفعات حتى لا يمتلئ وعاء الماكينة تمامًا. نبض لمدة 20 إلى 30 ثانية، ثم التحقق، للتأكد من أن الكبد والبصل قد تحول إلى عجينة ناعمة بشكل موحد، ولكن لا تزال "وعرة". نقل كل شيء إلى وعاء خلط كبير.

c) قشري البيض ثم ابشري اثنتين منه خشناً واثنتين أخريين ناعماً وأضيفيهما إلى خليط الكبد. أضف الدهن المتبقي ونبيذ الحلوى والملح والفلفل واطوي كل شيء معًا بلطف. انقلي المزيج إلى طبق مسطح غير معدني، ثم غطي السطح بإحكام بغطاء بلاستيكي. نتركها حتى تبرد، ثم ندخلها إلى الثلاجة لمدة ساعتين على الأقل حتى تتماسك قليلاً.

d) للتقديم، تُقطع البيضة المتبقية جيدًا. نسكب الكبدة المفرومة في أطباق التقديم الفردية، ونزينها بالبيض المفروم، ونرشها بالبصل الأخضر والثوم المعمر.

79. سلطة دجاج بالزعفران والأعشاب

يجعل: 6

مكونات

● 1 برتقالة
● 2½ ملعقة كبيرة / 50 جرام عسل
● ½ ملعقة صغيرة خيوط زعفران
● 1 ملعقة كبيرة خل النبيذ الأبيض
● ¼ كوب / حوالي 300 مل ماء
● 2¼ رطل / 1 كجم صدر دجاج منزوع الجلد والعظم
● 4 ملاعق زيت زيتون
● 2 بصلة صغيرة الحجم، مقطعة إلى شرائح رفيعة
● 1 كوب / 15 جرام أوراق كزبرة مقطّعة
● ⅔ كوب / 15 غرام من أوراق الريحان المقطعة
● 15 ورقة نعناع مقطّعة، ممزقة
● 2 ملعقة كبيرة عصير ليمون طازج
● 1 فليفلة حمراء، مقطعة إلى شرائح رفيعة
● 1 فص ثوم، مطحون
● الملح والفلفل الأسود المطحون الطازج

تعليمات

a) سخني الفرن إلى 400 درجة فهرنهايت / 200 درجة مئوية. قم بقص وتخلص من مسافة ⅜ بوصة / 1 سم من أعلى وذيل البرتقالة وقم بتقطيعها إلى 12 قطعة، مع الحفاظ على الجلد. إزالة أي بذور.

b) ضعي الشرائح في قدر صغير مع العسل والزعفران والخل وما يكفي من الماء لتغطية شرائح البرتقال. يُغلى المزيج ويُترك على نار خفيفة لمدة ساعة تقريبًا. في النهاية يجب أن يتبقى لك برتقالة ناعمة وحوالي 3 ملاعق كبيرة من الشراب السميك؛ أضف الماء أثناء الطهي إذا أصبح السائل منخفضًا جدًا. استخدمي محضرة الطعام لطحن البرتقال والشراب للحصول على عجينة ناعمة وسائلة؛ مرة أخرى، أضف القليل من الماء إذا لزم الأمر.

c) اخلطي صدر الدجاج مع نصف زيت الزيتون والكثير من الملح والفلفل ثم ضعيه في صينية شواء ساخنة جدًا. احرقها لمدة دقيقتين تقريبًا على كل جانب للحصول على علامات شار واضحة في كل مكان. ننقلها إلى صينية الفرن وندخلها إلى الفرن لمدة 15 إلى 20 دقيقة حتى تنضج.

d) بمجرد أن يبرد الدجاج بدرجة كافية للتعامل معه ولكنه لا يزال دافئًا، قم بتقطيعه بيديك إلى قطع خشنة وكبيرة جدًا. ضعي الخليط في وعاء خلط كبير، واسكبي فوقه نصف كمية معجون البرتقال، وقلبي جيدًا. (النصف الآخر يمكنك الاحتفاظ به في الثلاجة لبضعة أيام. سيكون إضافة جيدة لصلصة الأعشاب لتقديمها مع الأسماك الزيتية مثل الماكريل أو السلمون.) أضف المكونات المتبقية إلى السلطة، بما في ذلك بقية المكونات. زيت الزيتون، ويقلب بلطف. تذوقي وأضيفي الملح والفلفل، وإذا لزم الأمر، المزيد من زيت الزيتون وعصير الليمون.

80. هانوكا دجاج سوفريتو

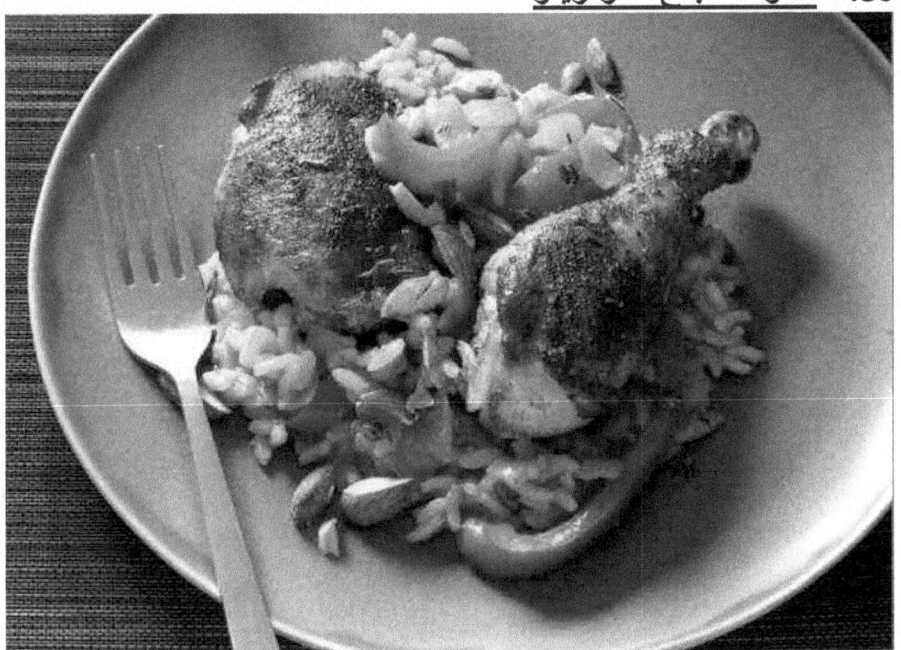

مكونات

● 1 ملعقة كبيرة زيت دوار الشمس

● 1 دجاجة صغيرة الحجم، حوالي 3¼ رطل / 1.5 كجم، مفرومة بالزبدة أو مقطعة إلى أرباع

● 1 ملعقة صغيرة بابريكا حلوة

● ¼ ملعقة صغيرة كركم مطحون

● ¼ ملعقة صغيرة سكر

● 2½ ملعقة كبيرة عصير ليمون طازج

● 1 بصلة كبيرة، مقشرة ومقطعة إلى أرباع

● زيت عباد الشمس، للقلي

● 1⅔ رطل / 750 جرام من بطاطس يوكون جولد، مقشرة ومغسولة ومقطعة إلى مكعبات بحجم ¾ بوصة / 2 سم

● 25 فص ثوم غير مقشر

● الملح والفلفل الأسود المطحون الطازج

تعليمات

a) يُسكب الزيت في مقلاة كبيرة ضحلة أو فرن هولندي ويُوضع على نار متوسطة. ضعي الدجاج بشكل مسطح في المقلاة، بحيث يكون جانب الجلد لأسفل، واقليه لمدة 4 إلى 5 دقائق، حتى يصبح لونه بنياً ذهبياً. نتبل الجميع بالبابريكا، والكركم، والسكر، ونصف ملعقة صغيرة ملح، وطحن جيد من الفلفل الأسود، وملعقة كبيرة ونصف من عصير الليمون. اقلب الدجاج بحيث يكون الجلد متجهًا لأعلى، ثم أضف البصل إلى المقلاة وقم بتغطيته بغطاء. قلل الحرارة إلى درجة منخفضة واطهيها لمدة ساعة ونصف تقريبًا. وهذا يشمل وقت طهي الدجاج مع البطاطس. ارفعي الغطاء بين الحين والآخر للتحقق من كمية السائل الموجودة في قاع المقلاة. الفكرة هي أن يُطهى الدجاج ويُطهى على البخار في عصائره الخاصة، لكن قد تحتاج إلى إضافة القليل من الماء المغلي، فقط بحيث يكون هناك دائمًا ¼ بوصة / 5 مم من السائل في قاع المقلاة.

b) بعد أن يتم طهي الدجاج لمدة 30 دقيقة تقريبًا، يُسكب زيت عباد الشمس في قدر متوسطة الحجم على عمق 1¼ بوصة / 3 سم ويوضع على نار متوسطة إلى عالية. اقلي البطاطس والثوم معًا على دفعات قليلة لمدة 6 دقائق تقريبًا لكل دفعة، حتى تأخذ بعض اللون وتنضج. استخدمي ملعقة مثقوبة لرفع كل دفعة بعيدًا عن الزيت ووضعها على مناشف ورقية، ثم رشيها بالملح.

c) بعد أن يطهى الدجاج لمدة ساعة، ارفعيه من المقلاة وأضيفي إليه البطاطس المقلية والثوم، مع تحريكهما مع عصير الطبخ. أعيدي الدجاج إلى المقلاة، وضعيه فوق البطاطس لباقي مدة الطهي، أي 30 دقيقة. يجب أن يكون الدجاج قد سقط من العظم ويجب أن تكون البطاطس منقوعة في سائل الطبخ وتصبح طرية تمامًا. رشي عصير الليمون المتبقي عند التقديم.

81. حانوكاكفتة بسينية

العدد: 18 كفتة

مكونات

- ⅔ كوب / 150 جرام معجون طحينة خفيف
- 3 ملاعق كبيرة عصير ليمون طازج
- نصف كوب / 120 مل ماء
- 1 فص ثوم متوسط الحجم، مطحون
- 2 ملعقة كبيرة زيت دوار الشمس
- 2 ملعقة كبيرة / 30 جرام زبدة أو سمن غير مملح (اختياري)
- صنوبر محمص، للتزيين
- - أوراق البقدونس المسطحة المفرومة ناعماً للتزيين
- - بابريكا حلوة للتزيين
- ملح

كفتة

- 14 أونصة / 400 جرام لحم ضأن مفروم
- 14 أونصة / 400 جرام من لحم العجل أو اللحم البقري المفروم
- 1 بصلة صغيرة (حوالي 5 أونصة / 150 جم)، مفرومة ناعمًا
- 2 فص ثوم كبير، مهروس
- 7 ملاعق كبيرة / 50 جرام صنوبر محمص ومفروم خشنًا
- ½ كوب / 30 جرام من البقدونس المفروم ناعماً
- 1 حبة فليفلة حمراء كبيرة متوسطة الحرارة، منزوعة البذور ومفرومة ناعماً
- 1½ ملعقة صغيرة قرفة مطحونة
- 1½ ملعقة صغيرة من البهارات المطحونة
- ¾ ملعقة صغيرة جوزة الطيب مبشورة
- 1½ ملعقة صغيرة فلفل أسود مطحون طازج
- ½1 ملعقة صغيرة ملح

تعليمات

a) ضعي جميع مكونات الكفتة في وعاء واستخدمي يديك لخلط كل شيء جيداً. الآن قم بتشكيلها على شكل أصابع طويلة تشبه الطوربيد، يبلغ طولها حوالي 3¼ بوصة / 8 سم (حوالي 2 أونصة / 60 جم لكل منها). اضغطي على المزيج لضغطه وتأكدي من أن كل كفتة مشدودة وتحافظ على شكلها. رتبها على طبق وقم بتبريدها حتى تصبح مستعدًا لطهيها لمدة تصل إلى يوم واحد.

b) سخني الفرن إلى 425 درجة فهرنهايت / 220 درجة مئوية. في وعاء متوسط، اخفقي معجون الطحينة وعصير الليمون والماء والثوم ونصف ملعقة صغيرة من الملح.

يجب أن تكون الصلصة أكثر سيولة من العسل. أضف 1 إلى 2 ملاعق كبيرة من الماء إذا لزم الأمر.

c) سخني زيت دوار الشمس في مقلاة كبيرة على نار عالية واقلي الكفتة. قم بذلك على دفعات حتى لا تكون ضيقة معًا. اقليها من جميع الجوانب حتى يصبح لونها بنياً ذهبياً، حوالي 6 دقائق لكل دفعة. في هذه المرحلة، ينبغي أن تكون متوسطة نادرة. ارفعيها من المقلاة ورتبيها على صينية الخبز. إذا كنت تريد طهيها بشكل متوسط أو جيد، ضع صينية الخبز في الفرن الآن لمدة 2 إلى 4 دقائق.

d) تُسكب صلصة الطحينة حول الكفتة بحيث تغطي قاع المقلاة. إذا أردت، رش القليل أيضًا على الكفتة، لكن اترك بعضًا من اللحم مكشوفًا. ضعيها في الفرن لمدة دقيقة أو دقيقتين فقط لتسخين الصلصة قليلاً.

e) في هذه الأثناء، إذا كنت تستخدم الزبدة، قم بإذابتها في قدر صغيرة واتركها حتى تكتسب اللون البني قليلاً، مع الحرص على عدم احتراقها. نسكب الزبدة فوق الكفتة فور خروجها من الفرن. ننثر الصنوبر والبقدونس ثم نرش البابريكا. يخدم في وقت واحد.

82. كرات اللحم البقري مع الفول المدمس والليمون

العدد: حوالي 20 كرة لحم

مكونات

- ½4 ملعقة كبيرة زيت زيتون
- ⅓2 كوب / 350 جرام فول مدمس طازج أو مجمد
- 4 أغصان زعتر كاملة
- 6 فصوص من الثوم، مقطعة إلى شرائح
- 8 حبات بصل أخضر، مقطعة بزاوية إلى شرائح بحجم ¾ بوصة / 2 سم
- 2½ ملعقة كبيرة عصير ليمون طازج
- 2 كوب / 500 مل مرقة دجاج
- الملح والفلفل الأسود المطحون الطازج
- 1½ ملعقة صغيرة من كل من البقدونس المفروم، والنعناع، والشبت، والكزبرة، للتقديم

الكفتة

- 10 أوقية / 300 جرام لحم بقري مفروم
- 5 أوقية / 150 جرام لحم ضأن مفروم
- 1 بصلة متوسطة، مفرومة ناعماً
- 1 كوب / 120 جرام فتات خبز
- 2 ملعقة كبيرة من كل من البقدونس، والنعناع، والشبت، والكزبرة المفرومة
- 2 فص ثوم كبير، مهروس
- 4 ملاعق صغيرة من خليط بهارات البهارات (من المتجر أوانظر الوصفة)
- 4 ملاعق كمون مطحون
- 2 ملعقة صغيرة كبر، مفروم
- 1 بيضة مخفوقة

تعليمات

a) ضعي جميع مكونات كرات اللحم في وعاء خلط كبير. أضف ¾ ملعقة صغيرة من الملح والكثير من الفلفل الأسود واخلط جيدًا بيديك. تشكل كرات بنفس حجم كرات البينج بونج تقريبًا. سخني ملعقة كبيرة من زيت الزيتون على نار متوسطة في مقلاة كبيرة جدًا لديك غطاء لها. احرق نصف كرات اللحم، وقلبها حتى يتحول لونها إلى اللون البني بالكامل، لمدة 5 دقائق تقريبًا. أخرجيها وأضيفي ملعقة صغيرة ونصف أخرى من زيت الزيتون إلى المقلاة واطهي الدفعة الأخرى من كرات اللحم. أخرجه من المقلاة وامسحه نظيفًا.

b) أثناء طهي كرات اللحم، ضعي الفول في وعاء به الكثير من الماء المغلي المملح واسلقيه لمدة دقيقتين. استنزاف وتحديث تحت الماء البارد. إزالة القشرة من نصف حبة الفول والتخلص من القشرة.

c) سخني ما تبقى من 3 ملاعق كبيرة من زيت الزيتون على نار متوسطة في نفس المقلاة التي قمت بحرق كرات اللحم فيها. أضيفي الزعتر والثوم والبصل الأخضر وقلبي لمدة 3 دقائق. أضف الفول غير المقشر، و1½ ملعقة كبيرة من عصير الليمون، و⅓ كوب / 80 مل من المرق، و¼ ملعقة صغيرة من الملح، وكمية كبيرة من الفلفل الأسود. يجب أن تكون الفاصوليا مغطاة بالسائل تقريبًا. غطي المقلاة واطهيها على نار خفيفة لمدة 10 دقائق.

d) أعد كرات اللحم إلى المقلاة التي تحتوي على الفول. أضيفي الكمية المتبقية من المرق، ثم غطي المقلاة واتركيها على نار هادئة لمدة 25 دقيقة. تذوقي الصلصة واضبطي التتبيلة. إذا كان سائلًا جدًا، قم بإزالة الغطاء وتقليله قليلاً. بمجرد أن تتوقف كرات اللحم عن الطهي، سوف تمتص الكثير من العصير، لذا تأكد من وجود الكثير من الصلصة في هذه المرحلة. يمكنك الآن أن تترك كرات اللحم بعيداً عن النار، حتى تصبح جاهزة للتقديم.

e) قبل التقديم مباشرة، أعيدي تسخين كرات اللحم وأضيفي القليل من الماء، إذا لزم الأمر، للحصول على كمية كافية من الصلصة. أضيفي الأعشاب المتبقية، والملعقة الكبيرة المتبقية من عصير الليمون، والفاصوليا المقشرة وقلبي بلطف شديد. يخدم على الفور.

83. كرات لحم الضأن مع البرباريس واللبن والأعشاب

العدد: حوالي 20 كرة لحم

مكونات

- ½ رطل / 750 جرام لحم ضأن مفروم
- 2 بصلة متوسطة، مفرومة ناعماً
- ⅔ أونصة / 20 جم من البقدونس ذو الأوراق المسطحة، المفروم جيدًا
- 3 فصوص ثوم، مهروسة
- ¾ ملعقة صغيرة من البهارات المطحونة
- ¾ ملعقة صغيرة قرفة مطحونة
- 6 ملاعق كبيرة / 60 جرام من البرباريس
- 1 بيضة كبيرة الحجم
- 6½ ملعقة كبيرة / 100 مل زيت دوار الشمس
- 1½ رطل / 700 جرام موز أو كراث كبير آخر مقشر
- ¾ كوب بالإضافة إلى 2 ملعقة كبيرة / 200 مل من النبيذ الأبيض
- 2 كوب / 500 مل مرقة دجاج
- 2 ورق غار
- 2 أغصان زعتر
- 2 ملعقة صغيرة سكر
- 5 أونصة / 150 جرام من التين المجفف
- 1 كوب / 200 جرام زبادي يوناني
- 3 ملاعق كبيرة من النعناع، والكزبرة، والشبت، والطرخون، ممزقة بشكل خشن
- الملح والفلفل الأسود المطحون الطازج

تعليمات

a) ضعي لحم الضأن، والبصل، والبقدونس، والثوم، والبهارات، والقرفة، والبرباريس، والبيض، وملعقة صغيرة من الملح، ونصف ملعقة صغيرة من الفلفل الأسود في وعاء كبير. امزجي المكونات بيديك، ثم شكليها إلى كرات بحجم كرات الجولف.

b) قم بتسخين ثلث الزيت على نار متوسطة في وعاء كبير وثقيل القاع حيث يكون لديك غطاء محكم. ضعي القليل من كرات اللحم واطهيها وقلبيها لبضع دقائق حتى يتغير لونها بالكامل. أخرجه من الوعاء واتركه جانباً. قم بطهي كرات اللحم المتبقية بنفس الطريقة.

c) امسح الوعاء نظيفًا وأضف الزيت المتبقي. يُضاف الكراث ويُطهى على نار متوسطة لمدة 10 دقائق مع التحريك بشكل متكرر حتى يصبح لونه بنياً ذهبياً. أضف النبيذ واتركه ليغلي لمدة دقيقة أو دقيقتين، ثم أضف مرق الدجاج وأوراق الغار والزعتر والسكر والقليل من الملح والفلفل. رتب التين وكرات اللحم بين الكراث وفوقه. يجب أن تكون كرات اللحم مغطاة بالسائل تقريبًا. يُغلى المزيج ويُغطى بالغطاء وتُخفض الحرارة إلى درجة منخفضة جدًا ويُترك على نار خفيفة لمدة 30 دقيقة. يُرفع الغطاء ويُترك على نار خفيفة لمدة ساعة أخرى تقريبًا، حتى تقل الصلصة وتكثف نكهتها. الذوق ويضاف الملح والفلفل عند الحاجة.

d) ننقلها إلى طبق تقديم كبير وعميق. اخفقي الزبادي، ثم اسكبيه فوقه، ثم رشيه بالأعشاب.

84. <u>برجر الديك الرومي والكوسة مع البصل الأخضر والكمون</u>

العدد: حوالي 18 برجر

مكونات

- 1 رطل / 500 جرام لحم رومي مطحون
- 1 كوسة كبيرة، مبشورة بشكل خشن (2 كوب / 200 جرام إجمالاً)
- 3 حبات بصل أخضر، مقطعة إلى شرائح رفيعة
- 1 بيضة كبيرة الحجم
- 2 ملعقة كبيرة نعناع مفروم
- 2 ملعقة كبيرة كزبرة مفرومة
- 2 فص ثوم، مطحون
- 1 ملعقة صغيرة كمون مطحون
- 1 ملعقة صغيرة ملح
- ½ ملعقة صغيرة فلفل أسود مطحون طازج
- ½ ملعقة صغيرة فلفل حريف
- حوالي 6½ ملاعق كبيرة / 100 مل من زيت دوار الشمس للتحمير

الكريمة الحامضة وصلصة السماق
- نصف كوب / 100 جرام قشدة حامضة
- ⅔ كوب / 150 جرام زبادي يوناني
- 1 ملعقة صغيرة قشر ليمون مبشور
- 1 ملعقة كبيرة عصير ليمون طازج
- 1 فص صغير من الثوم، مهروس
- 1½ ملعقة كبيرة زيت زيتون
- 1 ملعقة كبيرة سماق
- ½ ملعقة صغيرة ملح
- ¼ ملعقة صغيرة فلفل أسود مطحون طازج

تعليمات

a) قم أولاً بتحضير صلصة الكريمة الحامضة عن طريق وضع جميع المكونات في وعاء صغير. يقلب جيدا ويوضع جانبا أو يبرد لحين الحاجة إليه.

b) سخني الفرن إلى 425 درجة فهرنهايت / 220 درجة مئوية. في وعاء كبير، اخلطي جميع مكونات كرات اللحم باستثناء زيت دوار الشمس. امزجيها بيديك ثم شكليها إلى حوالي 18 قطعة برجر، تزن كل منها حوالي 1½ أونصة / 45 جم.

c) صب كمية كافية من زيت عباد الشمس في مقلاة كبيرة لتكوين طبقة يبلغ سمكها حوالي 16/1 بوصة / 2 مم في قاع المقلاة. سخنيها على نار متوسطة حتى تسخن، ثم قومي بتحمير كرات اللحم على دفعات من جميع الجوانب. اطهي كل دفعة لمدة 4 دقائق تقريبًا، مع إضافة الزيت حسب الحاجة، حتى يصبح لونها بنياً ذهبياً.

d) انقلي كرات اللحم المحروقة بعناية إلى صينية خبز مبطنة بورق مشمع ثم ضعيها في الفرن لمدة 5 إلى 7 دقائق، أو حتى تنضج تمامًا. يُقدم الطبق دافئًا أو في درجة حرارة الغرفة، مع وضع الصلصة فوقه أو بجانبه.

85. بولبيتون

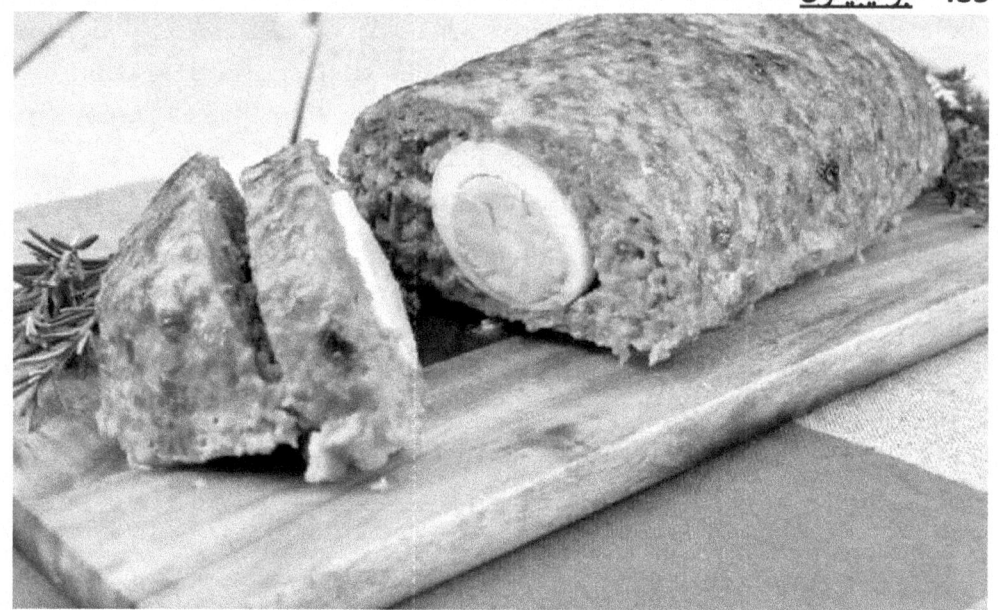

يجعل: 8

مكونات

- 3 بيضات كبيرة الحجم
- 1 ملعقة كبيرة من البقدونس ذو الأوراق المسطحة المفرومة
- 2 ملعقة زيت زيتون
- 1 رطل / 500 جرام لحم بقري مفروم
- 1 كوب / 100 جرام فتات خبز
- نصف كوب / 60 جرام من الفستق غير المملح
- ½ كوب / 80 جرام خيار مخلل (3 أو 4)، مقطع إلى قطع بحجم ⅜ بوصة / 1 سم
- 7 أونصة / 200 جرام من لسان البقر المطبوخ (أو لحم الخنزير)، مقطع إلى شرائح رفيعة
- 1 جزرة كبيرة، مقطعة إلى قطع
- 2 عود كرفس، مقطعة إلى قطع
- 1 غصن زعتر
- 2 ورق غار
- ½ بصلة، مقطعة إلى شرائح
- 1 ملعقة صغيرة قاعدة مرقة دجاج
- الماء المغلي للطهي
- الملح والفلفل الأسود المطحون الطازج

سالسينا فيردي

- 2 أونصة / 50 جم من أغصان البقدونس ذات الأوراق المسطحة
- 1 فص ثوم، مطحون
- 1 ملعقة كبيرة كبر
- 1 ملعقة كبيرة عصير ليمون طازج
- 1 ملعقة كبيرة خل النبيذ الأبيض
- 1 بيضة كبيرة مسلوقة ومقشرة
- ⅔ كوب / 150 مل زيت زيتون
- 3 ملاعق كبيرة من فتات الخبز، ويفضل أن يكون طازجاً
- الملح والفلفل الأسود المطحون الطازج

تعليمات

a) ابدأ بإعداد عجة مسطحة. اخفقي 2 بيضة مع البقدونس المفروم وقليل من الملح. سخني زيت الزيتون في مقلاة كبيرة (قطرها حوالي 11 بوصة / 28 سم) على نار

متوسطة ثم أضيفي البيض. يُطهى لمدة تتراوح بين 2 إلى 3 دقائق، دون التقليب، حتى يتحول البيض إلى عجة رقيقة. توضع جانباً لتبرد.

b) في وعاء كبير، اخلطي اللحم البقري مع فتات الخبز والفستق والخيار المخلل والبيضة المتبقية وملعقة صغيرة من الملح ونصف ملعقة صغيرة من الفلفل. ضع منشفة شاي نظيفة وكبيرة (قد ترغب في استخدام واحدة قديمة لا تمانع في التخلص منها؛ حيث أن تنظيفها سيشكل خطرًا طفيفًا) على سطح عملك. الآن خذ خليط اللحم ووزعه على المنشفة، وشكله بيديك على شكل قرص مستطيل بسمك ⅜ بوصة / 1 سم وحوالي 12 × 10 بوصة / 30 × 25 سم. حافظ على حواف القماش واضحة.

c) غطي اللحم بشرائح اللسان، مع ترك ¾ بوصة / 2 سم حول الحافة. نقطع العجة إلى 4 شرائح عريضة ونوزعها بالتساوي على اللسان.

d) ارفعي قطعة القماش لتساعدك على البدء في دحرجة اللحم إلى الداخل من أحد جوانبها العريضة. استمر في لف اللحم على شكل سجق كبير باستخدام المنشفة لمساعدتك. في النهاية، تريد رغيفًا متماسكًا يشبه الجيلي، مع اللحم المفروم من الخارج والعجة في المنتصف. نغطي الرغيف بالمنشفة، ونغلفه جيدًا حتى يغلق من الداخل. اربطي الأطراف بخيط ثم ضعي أي قطعة قماش زائدة أسفل الجذع حتى تحصلي في النهاية على حزمة مربوطة بإحكام.

e) ضع الحزمة داخل مقلاة كبيرة أو فرن هولندي. ضعي الجزر والكرفس والزعتر والغار والبصل وقاعدة المرق حول الرغيف واسكبي فوقه الماء المغلي حتى يغطيه تقريبًا. غطي القدر بغطاء واتركيه على نار هادئة لمدة ساعتين.

f) أخرج الرغيف من المقلاة واتركه جانبًا للسماح بتصريف بعض السائل (سيكون مرق السلق بمثابة قاعدة حساء رائعة). بعد حوالي 30 دقيقة، ضع شيئًا ثقيلًا في الأعلى لإزالة المزيد من العصائر. بمجرد أن يصل إلى درجة حرارة الغرفة، ضع رغيف اللحم في الثلاجة، وهو لا يزال مغطى بقطعة قماش، ليبرد جيدًا، لمدة 3 إلى 4 ساعات.

g) لتحضير الصلصة، ضعي جميع المكونات في محضرة الطعام واطحنيها حتى تحصلي على قوام خشن (أو للحصول على مظهر ريفي، قطعي البقدونس ونبات الكبر والبيض يدويًا وقلبي مع باقي المكونات). الذوق وضبط التوابل.

h) للتقديم، أخرجي الرغيف من المنشفة، وقطعيه إلى شرائح بسمك ⅜ بوصة / 1 سم، ثم ضعيه في طبق التقديم. تُقدم الصلصة على الجانب.

86. بيض مطهو ببطء مع لحم الضأن والطحينة والسماق

يجعل: 4

مكونات

- 1 ملعقة كبيرة زيت زيتون
- 1 بصلة كبيرة مفرومة ناعماً (1¼ كوب / 200 جرام إجمالاً)
- 6 فصوص من الثوم، مقطعة إلى شرائح رفيعة
- 10 أونصة / 300 جرام لحم ضأن مفروم
- 2 ملعقة صغيرة سماق، بالإضافة إلى كمية إضافية للتقديم
- 1 ملعقة صغيرة كمون مطحون
- ½ كوب / 50 جرام فستق محمص غير مملح مطحون
- 7 ملاعق كبيرة / 50 جرام صنوبر محمص
- 2 ملعقة صغيرة معجون هريسة (يتم شراؤه من المتجر أوانظر الوصفة)
- 1 ملعقة كبيرة قشر ليمون محفوظ مفروم ناعمًا (يتم شراؤه من المتجر أوانظر الوصفة)
- ½ كوب / 200 جرام طماطم كرزية
- نصف كوب / 120 مل مرقة دجاج
- 4 بيضات كبيرة الحجم
- ¼ كوب / 5 جم من أوراق الكزبرة المقطّعة، أو 1 ملعقة كبيرةتشوغ
- الملح والفلفل الأسود المطحون الطازج

صلصة الزبادي

- نصف كوب / 100 جرام زبادي يوناني
- 1½ ملعقة كبيرة / 25 جرام معجون طحينة
- 2 ملعقة كبيرة عصير ليمون طازج
- 1 ملعقة كبيرة ماء

تعليمات

a) قم بتسخين زيت الزيتون على نار متوسطة إلى عالية في مقلاة متوسطة ذات قاع ثقيل والتي يكون لديك غطاء محكم. يُضاف البصل والثوم ويُقلى لمدة 6 دقائق حتى يلين ويلون قليلاً. ارفعي الحرارة إلى درجة عالية، وأضيفي لحم الضأن، وحمريه جيداً، لمدة 5 إلى 6 دقائق. يُتبل بالسماق والكمون ونصف ملعقة صغيرة من الملح والقليل من الفلفل الأسود ويُطهى لمدة دقيقة أخرى. أطفئ النار وأضف المكسرات والهريسة والليمون المحفوظ واتركه جانباً.

b) أثناء طهي البصل، قم بتسخين مقلاة صغيرة منفصلة من الحديد الزهر أو أي مقلاة ثقيلة أخرى على نار عالية. بمجرد أن تسخن، أضيفي الطماطم الكرزية واطهيها لمدة 4 إلى 6 دقائق، مع تحريكها في المقلاة من حين لآخر، حتى تصبح سوداء قليلاً من الخارج. اجلس جانبا.

c) تحضير صلصة الزبادي عن طريق خلط جميع المكونات مع قليل من الملح. يجب أن يكون سميكًا وغنيًا، لكن قد تحتاج إلى إضافة القليل من الماء إذا كان قاسيًا.

d) يمكنك ترك اللحم والطماطم والصلصة في هذه المرحلة لمدة تصل إلى ساعة. عندما تصبح جاهزًا للتقديم، أعد تسخين اللحم وأضف مرق الدجاج واتركه حتى يغلي. اصنعي 4 حفر صغيرة في الخليط واكسري بيضة في كل بئر. غطي المقلاة واطهي البيض على نار خفيفة لمدة 3 دقائق. ضعي الطماطم في الأعلى، مع تجنب الصفار، ثم غطيها مرة أخرى، واطهيه لمدة 5 دقائق، حتى ينضج بياض البيض لكن الصفار لا يزال سائلاً.

e) يُرفع عن النار ويُضاف إليه القليل من صلصة الزبادي ويُرش بالسماق وينتهي بالكزبرة. يخدم في وقت واحد.

87. <u>لحم العجل المطبوخ ببطء مع البرقوق والكراث</u>

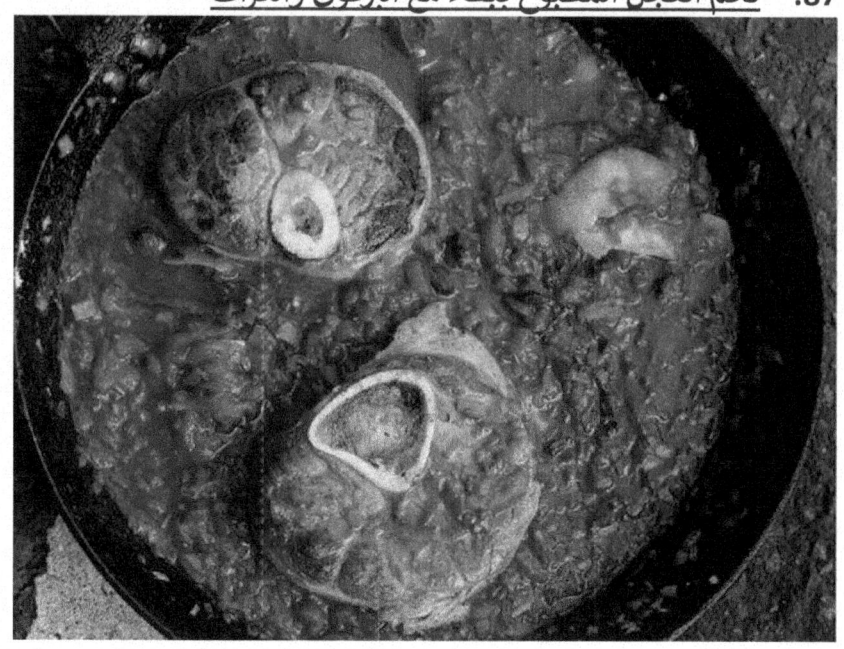

يجعل: 4 بسخاء

مكونات

- نصف كوب / 110 مل زيت دوار الشمس
- 4 شرائح لحم أوسو بوكو كبيرة بالعظم (حوالي 2¼ رطل / 1 كجم إجمالاً)
- 2 بصلة كبيرة مفرومة ناعماً (حوالي 3 أكواب / 500 جرام إجمالاً)
- 3 فصوص ثوم، مهروسة
- 6½ ملاعق كبيرة / 100 مل من النبيذ الأبيض الجاف
- 1 كوب / 250 مل مرقة دجاج أو لحم بقري
- علبة واحدة بحجم 14 أونصة / 400 جرام من الطماطم المقطعة
- 5 أغصان زعتر، أوراقها مفرومة فرماً ناعماً
- 2 ورق غار
- قشر نصف برتقالة، مقطعة إلى شرائح
- 2 عود قرفة صغير
- ½ ملعقة صغيرة من البهارات المطحونة
- 2 نجمة يانسون
- 6 كراثات كبيرة، الجزء الأبيض فقط (1¾ رطل / 800 جرام إجمالاً)، مقطعة إلى شرائح بحجم ⅔ بوصة / 1.5 سم
- 7 أونصة / 200 جرام من البرقوق الناعم، منزوع النوى
- الملح والفلفل الأسود المطحون الطازج
- ليخدم
- نصف كوب / 120 جرام زبادي يوناني
- 2 ملعقة كبيرة أوراق بقدونس مسطحة مفرومة ناعماً
- 2 ملعقة كبيرة قشر ليمون مبشور
- 2 فص ثوم، مطحون

تعليمات

a) سخني الفرن إلى 350 درجة فهرنهايت / 180 درجة مئوية.

b) سخني ملعقتين كبيرتين من الزيت في مقلاة كبيرة ذات قاع ثقيل على نار عالية. تقلى قطع لحم العجل لمدة دقيقتين على كل جانب، ويحمر اللحم جيداً. انقليها إلى مصفاة لتصفيتها أثناء تحضير صلصة الطماطم.

c) أزيلي معظم الدهن من المقلاة وأضيفي ملعقتين كبيرتين من الزيت وأضيفي البصل والثوم. يُعاد إلى النار المتوسطة إلى العالية ويُقلى مع التحريك من حين لآخر وكشط قاع المقلاة بملعقة خشبية لمدة 10 دقائق تقريبًا حتى يصبح البصل طريًا وذهبيًا. يُضاف النبيذ ويُغلى المزيج ويُترك على نار خفيفة بقوة لمدة 3 دقائق حتى يتبخر

معظمه. أضف نصف المرق، الطماطم، الزعتر، الغار، قشر البرتقال، القرفة، البهارات، الينسون، 1 ملعقة صغيرة ملح، وبعض الفلفل الأسود. يقلب جيدا ويغلي. أضيفي قطع لحم العجل إلى الصلصة وقلبيها حتى تتغلف.

d) انقل لحم العجل والصلصة إلى صينية خبز عميقة بحجم 13 × 9½ بوصة / 33 × 24 سم تقريبًا، ووزعها بالتساوي. نغطيها بورق الألمنيوم وندخلها إلى الفرن لمدة ساعتين ونصف. تحقق عدة مرات أثناء الطهي للتأكد من أن الصلصة لا تصبح سميكة للغاية وتحترق حول الجوانب؛ ربما ستحتاج إلى إضافة القليل من الماء لمنع ذلك. يصبح اللحم جاهزًا عندما يتم فصله بسهولة عن العظم. ارفعي لحم العجل من الصلصة وضعيه في وعاء كبير. عندما يبرد بدرجة كافية للتعامل معه، انزع كل اللحم من العظام واستخدم سكينًا صغيرًا لكشط كل النخاع. تخلص من العظام.

e) سخني الزيت المتبقي في مقلاة منفصلة وحمري الكراث جيدًا على نار عالية لمدة 3 دقائق تقريبًا مع التحريك من حين لآخر. اسكبيهم فوق صلصة الطماطم. بعد ذلك، في المقلاة التي صنعت فيها صلصة الطماطم، اخلطي البرقوق والمرق المتبقي واللحم المسحوب ونخاع العظم واسكبيه فوق الكراث. أعد تغطيتها بورق الألمنيوم واستمر في الطهي لمدة ساعة أخرى. بمجرد إخراجها من الفرن، تذوقها وتبلها بالملح والمزيد من الفلفل الأسود إذا لزم الأمر.

f) يقدم ساخناً، مع وضع ملعقة زبادي بارد فوقه، ورشه بمزيج من البقدونس، وبرش الليمون، والثوم.

88. هانوكا شاورما لحم ضأن

يجعل: 8

مكونات

- 2 ملعقة صغيرة فلفل أسود
- 5 فصوص كاملة
- ½ ملعقة صغيرة حب الهال
- ¼ ملعقة صغيرة بذور الحلبة
- 1 ملعقة صغيرة بذور الشمر
- 1 ملعقة كبيرة بذور كمون
- 1 نجمة يانسون
- ½ عود قرفة
- ½ جوزة الطيب كاملة، مبشورة
- ¼ ملعقة صغيرة زنجبيل مطحون
- 1 ملعقة كبيرة بابريكا حلوة
- 1 ملعقة كبيرة سماق
- 2½ ملعقة صغيرة ملح بحر مالدون
- 1 أونصة / 25 جم من الزنجبيل الطازج المبشور
- 3 فصوص ثوم، مهروسة
- ⅔ كوب / 40 جرام كزبرة، سيقان وأوراق مفرومة
- ¼ كوب / 60 مل من عصير الليمون الطازج
- نصف كوب / 120 مل زيت الفول السوداني
- 1 فخذ خروف بالعظم، حوالي 5½ إلى 6½ رطل / 2.5 إلى 3 كجم
- 1 كوب / 240 مل ماء مغلي

تعليمات

a) ضعي المكونات الثمانية الأولى في مقلاة من الحديد الزهر وشويها جافًا على نار متوسطة إلى عالية لمدة دقيقة أو دقيقتين، حتى تبدأ البهارات في الظهور وإطلاق رائحتها. احرص على عدم حرقها. أضيفي جوزة الطيب والزنجبيل والبابريكا، وقلبي لبضع ثوان أخرى، فقط لتسخينها، ثم انقليها إلى مطحنة التوابل. معالجة البهارات إلى مسحوق متجانس. يُنقل إلى وعاء متوسط الحجم ويُضاف جميع المكونات المتبقية باستثناء لحم الضأن.

b) استخدمي سكينًا صغيرًا وحادًا لشق فخذ الخروف في أماكن قليلة، مع عمل شقوق بعمق ⅔ بوصة / 1.5 سم في الدهن واللحم للسماح بتسرب التتبيلة. ضعيها في مقلاة كبيرة وافركي التتبيلة بالكامل. الحمل؛ استخدمي يديك لتدليك اللحم جيدًا. غطي

216

المقلاة بورق الألمنيوم واتركيها جانباً لمدة ساعتين على الأقل، أو يفضل أن تبرد طوال الليل.

c) سخني الفرن إلى 325 درجة فهرنهايت / 170 درجة مئوية.

d) ضعي لحم الخروف في الفرن بحيث يكون جانبه الدهني متجهًا للأعلى وشويه لمدة 4 ساعات ونصف تقريبًا، حتى ينضج اللحم تمامًا. بعد 30 دقيقة من التحميص، أضف الماء المغلي إلى المقلاة واستخدم هذا السائل لدهن اللحم كل ساعة أو نحو ذلك. أضف المزيد من الماء، حسب الحاجة، مع التأكد دائمًا من وجود حوالي ¼ بوصة / 0.5 سم في قاع المقلاة. خلال الساعات الثلاث الماضية، قم بتغطية لحم الضأن بورق الألمنيوم لمنع احتراق البهارات. بمجرد الانتهاء من ذلك، أخرجي لحم الضأن من الفرن واتركيه ليرتاح لمدة 10 دقائق قبل تقطيعه وتقديمه.

e) أفضل طريقة لتقديم هذا، في رأينا، مستوحاة من مطعم الشكشوكة الأكثر شهرة في إسرائيل (انظر الوصفة)، الدكتور شكشوكة، في يافا، يملكها المواطن بينو قابسو. خذ ستة جيوب فردية من خبز البيتا وادهنها بحرية من الداخل باستخدام مادة دهنية عن طريق خلط ⅔ كوب / 120 جم من الطماطم المعلبة المفرومة، وملعقتين صغيرتين / 20 جم من معجون الهريسة، و4 ملاعق صغيرة / 20 جم من معجون الطماطم، وملعقة كبيرة من زيت الزيتون، وبعض الملح و فلفل. عندما يصبح لحم الضأن جاهزًا، قم بتسخين خبز البيتا في صينية صينية ساخنة حتى تحصل على علامات فحم جميلة على كلا الجانبين. يُقطع لحم الضأن الدافئ إلى شرائح ويُقطع إلى شرائح بحجم ⅔ بوصة / 1.5 سم. قم بتجميعها عالياً فوق كل خبز بيتا دافئ، ثم ضع ملعقة فوق بعض سوائل التحميص من المقلاة، ثم خففها، وانتهي بالبصل المفروم والبقدونس المفروم ورشة من السماق. ولا تنسى الخيار الطازج والطماطم. إنه طبق سماوي.

89. باس البحر المقلي مع الهريسة والورد

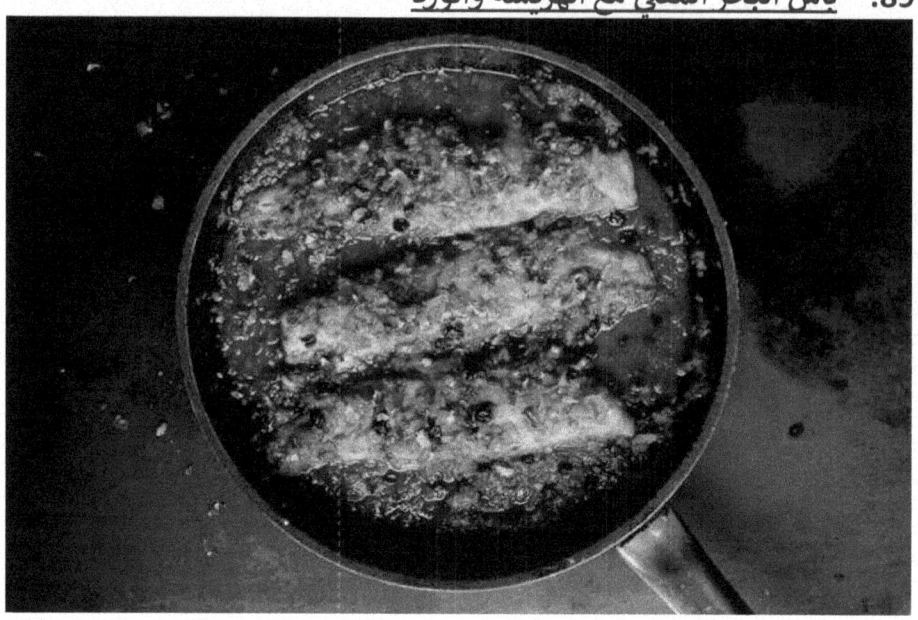

يجعل: 2 إلى 4

مكونات

- 3 ملاعق كبيرة من معجون الهريسة (من المتجر أوانظر الوصفة)
- 1 ملعقة صغيرة كمون مطحون
- 4 شرائح سمك قاروص، إجمالي حوالي 1 رطل / 450 جرام، منزوعة الجلد ومنزوعة العظام
- دقيق لجميع الأغراض، للرش
- 2 ملعقة كبيرة زيت زيتون
- 2 بصلة متوسطة، مفرومة ناعماً
- 6½ ملعقة كبيرة / 100 مل من خل النبيذ الأحمر
- 1 ملعقة صغيرة قرفة مطحونة
- 1 كوب / 200 مل ماء
- 1½ ملعقة كبيرة عسل
- 1 ملعقة كبيرة ماء ورد
- ½ كوب / 60 جرام زبيب (اختياري)
- 2 ملعقة كبيرة كزبرة مفرومة خشناً (اختياري)
- 2 ملعقة صغيرة من بتلات الورد المجففة الصالحة للأكل
- الملح والفلفل الأسود المطحون الطازج

تعليمات

a) أولا نقع السمك. اخلطي نصف معجون الهريسة والكمون المطحون ونصف ملعقة صغيرة من الملح في وعاء صغير. وزعي العجينة على شرائح السمك بالكامل واتركيها منقوعة في الثلاجة لمدة ساعتين.

b) رشي قطع الفيليه بالقليل من الدقيق، ثم تخلصي من الزائد. سخني زيت الزيتون في مقلاة واسعة على نار متوسطة إلى عالية واقلي شرائح الفيليه لمدة دقيقتين على كل جانب. قد تحتاج إلى القيام بذلك على دفعتين. ضعي السمك جانباً، واتركي الزيت في المقلاة، وأضيفي البصل. يُحرَّك المزيـج أثناء الطهي لمدة 8 دقائق تقريبًا، حتى يصبح البصل ذهبيًا.

c) أضيفي الهريسة المتبقية والخل والقرفة ونصف ملعقة صغيرة من الملح والكثير من الفلفل الأسود. يُسكب الماء، وتُخفض الحرارة، وتُترك الصلصة على نار هادئة لمدة تتراوح بين 10 إلى 15 دقيقة، حتى تصبح سميكة جدًا.

d) أضف العسل وماء الورد إلى المقلاة مع الكشمش، في حالة استخدامه، واتركه على نار هادئة لبضع دقائق أخرى. تذوقي واضبطي التتبيلة ثم أعيدي شرائح السمك إلى المقلاة؛ يمكنك تداخلها قليلاً إذا لم تكن مناسبة تمامًا. تُسكب الصلصة فوق السمك وتُترك لتدفئ في الصلصة المغلية لمدة 3 دقائق؛ قد تحتاجين إلى إضافة بضع ملاعق كبيرة من الماء إذا كانت الصلصة سميكة جدًا. يُقدم الطبق دافئًا أو في درجة حرارة الغرفة، ويُرش بالكزبرة، في حالة استخدامه، وبتلات الورد.

90. كباب السمك والكبر مع الباذنجان المحترق ومخلل الليمون

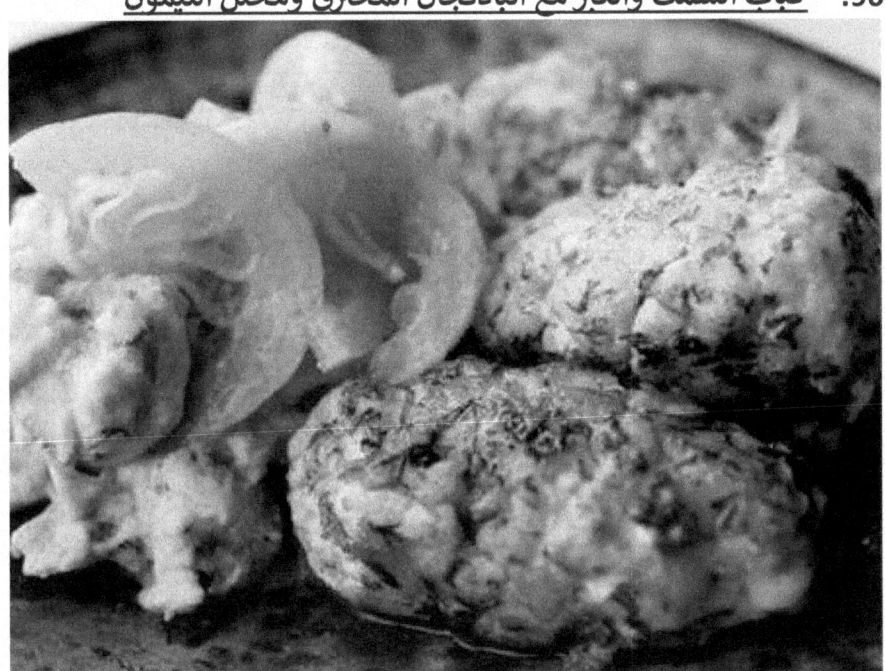

العدد: 12 كباب

مكونات

- 2 باذنجان متوسط الحجم (حوالي 1⅔ رطل / 750 جم إجمالاً)
- 2 ملعقة كبيرة زبادي يوناني
- 1 فص ثوم، مطحون
- 2 ملعقة كبيرة من البقدونس ذو الأوراق المسطحة المفرومة
- حوالي 2 ملعقة كبيرة زيت دوار الشمس، للقلي
- 2 ملعقة صغيرةليمون مخلل سريع
- الملح والفلفل الأسود المطحون الطازج
- كباب السمك
- 14 أونصة / 400 جرام من سمك الحدوق أو أي شرائح سمك بيضاء أخرى منزوعة الجلد والعظام
- نصف كوب / 30 جرام من فتات الخبز الطازج
- ½ بيضة كبيرة الحجم، مخفوقة
- 2½ ملعقة كبيرة / 20 جرام كبر، مفروم
- ⅔ أوقية / 20 جرام شبت مفروم
- 2 بصل أخضر، مفروم ناعماً
- نكهة مبشورة من 1 ليمونة
- 1 ملعقة كبيرة عصير ليمون طازج
- ¾ ملعقة صغيرة كمون مطحون
- ½ ملعقة صغيرة كركم مطحون
- ½ ملعقة صغيرة ملح
- ¼ ملعقة صغيرة فلفل أبيض مطحون

تعليمات

a) ابدأ بالباذنجان. احرق لحم الباذنجان، وقشره، وصفيه باتباع التعليمات الموجودة في النشرةباذنجان محروق مع الثوم والليمون وبذور الرمانوصفة. بعد أن يتم استنزاف اللحم جيدًا، يُقطع اللحم بشكل خشن ويوضع في وعاء الخلط. أضف الزبادي والثوم والبقدونس وملعقة صغيرة ملح والكثير من الفلفل الأسود. اجلس جانبا.

b) قطع السمك إلى شرائح رفيعة جدًا، يبلغ سمكها حوالي ⅙ بوصة / 2 مم فقط. نقطع الشرائح إلى مكعبات صغيرة ونضعها في وعاء خلط متوسط الحجم. أضف المكونات المتبقية وحركها جيدًا. بلل يديك وشكل الخليط إلى 12 قطعة أو إصبع، حوالي 1½ أونصة / 45 جم لكل منهما. رتبيها على طبق، وغطيها بغطاء بلاستيكي، واتركيها في الثلاجة لمدة 30 دقيقة على الأقل.

c) ضعي كمية كافية من الزيت في مقلاة حتى تشكل طبقة رقيقة من الأسفل ثم ضعيها على نار متوسطة إلى عالية. اطهي الكباب على دفعات لمدة تتراوح بين 4 إلى 6 دقائق لكل دفعة، وقلبيه حتى يتلون من جميع الجوانب وينضج تمامًا.

d) قدّم الكباب وهو لا يزال ساخنًا، 3 قطع لكل حصة، إلى جانب الباذنجان المحترق وكمية صغيرة من الليمون المخلل (احذر، يميل الليمون إلى السيطرة).

91. <u>إسقمري مقلي مع البنجر الذهبي وصلصة البرتقال</u>

يجعل: 4 كمبتدئ

مكونات

- 1 ملعقة كبيرة معجون هريسة (يتم شراؤه من المتجر أوانظر الوصفة)
- 1 ملعقة صغيرة كمون مطحون
- 4 شرائح سمك ماكريل (حوالي 9 أونصة / 260 جرام إجمالاً) مع الجلد
- 1 بنجر ذهبي متوسط الحجم (3½ أونصة / 100 جرام إجمالاً)
- 1 برتقالة متوسطة
- 1 ليمونة صغيرة، مقطعة إلى نصفين بالعرض
- ¼ كوب / 30 جم زيتون كالاماتا منزوع النوى، مقطع إلى أرباع بالطول
- ½ بصلة حمراء صغيرة مفرومة فرماً ناعماً (¼ كوب / 40 جم إجمالاً)
- ¼ كوب / 15 جم من البقدونس ذو الأوراق المسطحة المفرومة
- ½ ملعقة صغيرة من بذور الكزبرة، المحمصة والمطحونة
- ¾ ملعقة صغيرة من بذور الكمون، المحمصة والمطحونة
- ½ ملعقة صغيرة بابريكا حلوة
- ½ ملعقة صغيرة رقائق تشيلي
- 1 ملعقة كبيرة زيت البندق أو الجوز
- ½ ملعقة صغيرة زيت زيتون
- ملح

تعليمات

a) اخلطي معجون الهريسة والكمون المطحون وقليل من الملح وافركي الخليط في شرائح الماكريل. ضعيها جانباً في الثلاجة حتى تصبح جاهزة للطهي.

b) قم بغلي البنجر في الكثير من الماء لمدة 20 دقيقة تقريبًا (قد يستغرق الأمر وقتًا أطول، اعتمادًا على النوع)، حتى ينزلق السيخ بسلاسة. اتركها لتبرد، ثم قشرها، وقطعها إلى مكعبات بحجم ¼ بوصة / 0.5 سم، ثم ضعها في وعاء الخلط.

c) قشري البرتقالة ونصف ليمونة، وتخلصي من اللب الخارجي وقطعيها إلى أرباع. قم بإزالة اللب الأوسط وأي بذور وقطع اللحم إلى مكعبات بحجم ¼ بوصة / 0.5 سم. أضف إلى البنجر مع الزيتون والبصل الأحمر والبقدونس.

d) في وعاء منفصل، اخلطي التوابل وعصير نصف الليمون المتبقي وزيت الجوز. يُسكب هذا المزيج على مزيج البنجر والبرتقال ويُقلب ويُتبل بالملح حسب الرغبة. من الأفضل ترك الصلصة في درجة حرارة الغرفة لمدة 10 دقائق على الأقل للسماح باختلاط جميع النكهات.

e) قبل التقديم مباشرة، سخني زيت الزيتون في مقلاة كبيرة غير لاصقة على نار متوسطة. ضعي شرائح الماكريل بحيث يكون جانب الجلد لأسفل في المقلاة، واطهيها مع التقليب مرة واحدة لمدة 3 دقائق تقريبًا، حتى تنضج تمامًا. ننقلها إلى أطباق التقديم ونسكب الصلصة فوقها.

92. كعك سمك القد في صلصة الطماطم

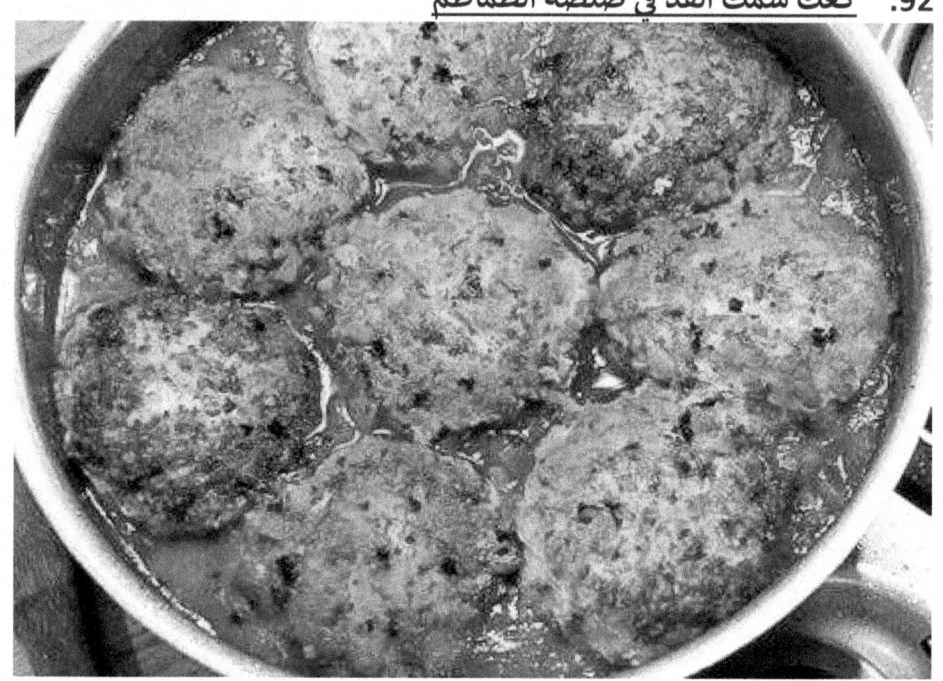

يجعل: 4

مكونات

- 3 شرائح خبز أبيض، منزوعة القشور (حوالي 2 أونصة / 60 جم إجمالاً)
- 1⅓ رطل / 600 جرام من سمك القد، أو سمك الهلبوت، أو سمك النازلي، أو فيليه بولوك، منزوعة الجلد والعظام الدبوسية
- 1 بصلة متوسطة مفرومة ناعماً (حوالي 1 كوب / 150 جم إجمالاً)
- 4 فصوص من الثوم المهروس
- 1 أونصة / 30 جم من البقدونس ذو الأوراق المسطحة، المفروم جيدًا
- 1 أونصة / 30 جرام كزبرة مفرومة فرماً ناعماً
- 1 ملعقة كبيرة كمون مطحون
- 1½ ملعقة صغيرة ملح
- 2 بيضة كبيرة الحجم، مخفوقة
- 4 ملاعق زيت زيتون
- صلصة الطماطم
- 2½ ملعقة كبيرة زيت زيتون
- 1½ ملعقة صغيرة كمون مطحون
- ½ ملعقة صغيرة بابريكا حلوة
- 1 ملعقة صغيرة كزبرة مطحونة
- 1 بصلة متوسطة، مفرومة
- نصف كوب / 125 مل من النبيذ الأبيض الجاف
- علبة واحدة بحجم 14 أونصة / 400 جرام من الطماطم المقطعة
- 1 حبة فليفلة حمراء، منزوعة البذور ومفرومة فرماً ناعماً
- 1 فص ثوم، مطحون
- 2 ملعقة صغيرة سكر ناعم
- 2 ملعقة كبيرة أوراق نعناع، مفرومة خشناً
- الملح والفلفل الأسود المطحون الطازج

تعليمات

a) أولا، تحضير صلصة الطماطم. سخني زيت الزيتون على نار متوسطة في مقلاة كبيرة جدًا لديك غطاء لها. أضيفي البهارات والبصل واطهيه لمدة 8 إلى 10 دقائق حتى ينضج البصل تماماً. أضف النبيذ واتركه على نار خفيفة لمدة 3 دقائق. أضيفي الطماطم والفلفل الحار والثوم والسكر ونصف ملعقة صغيرة ملح وبعض الفلفل الأسود. يُطهى على نار خفيفة لمدة 15 دقيقة تقريبًا، حتى يصبح سميكًا جدًا. تذوق لضبط التتبيلة واتركها جانباً.

b) أثناء طهي الصلصة، قم بتحضير كعك السمك. ضعي الخبز في محضرة الطعام واطحنيه حتى يتكون فتات الخبز. نقطع السمك جيدًا ونضعه في وعاء مع الخبز وكل شيء آخر ما عدا زيت الزيتون. امزجي المكونات معًا جيدًا، ثم استخدمي يديك لشكل الخليط على شكل كعكات مضغوطة يبلغ سمكها حوالي ¾ بوصة / 2 سم وقطرها 3¼ بوصة / 8 سم. يجب أن يكون لديك 8 كعكات. إذا كانت طرية جدًا، ضعيها في الثلاجة لمدة 30 دقيقة حتى تتماسك. (يمكنك أيضًا إضافة بعض فتات الخبز المجفف إلى الخليط، لكن افعل ذلك باعتدال؛ يجب أن يكون الكعك رطبًا تمامًا).

c) سخني نصف كمية زيت الزيتون في مقلاة على نار متوسطة إلى عالية، ثم أضيفي نصف كمية الكعك، واقليها لمدة 3 دقائق على كل جانب، حتى تكتسب لوناً جيداً. كرر مع الكعك المتبقي والزيت.

d) ضعي الكعك المحمر برفق جنبًا إلى جنب في صلصة الطماطم. يمكنك الضغط عليهم قليلاً حتى يتناسبوا جميعًا. أضف كمية كافية من الماء لتغطية الكعك جزئيًا (حوالي كوب واحد / 200 مل). غطي القدر بالغطاء واتركيه على نار خفيفة جدًا لمدة 15 إلى 20 دقيقة. أطفئ النار واتركي الكعك حتى يستقر، غير مغطى، لمدة 10 دقائق على الأقل قبل تقديمه دافئًا أو في درجة حرارة الغرفة، مع رشه بالنعناع.

93. <u>أسياخ سمك مشوي مع الحوايج والبقدونس</u>

يجعل: 4 إلى 6

مكونات

- 2¼ رطل / 1 كجم من شرائح السمك الأبيض الصلبة، مثل سمك الراهب أو سمك الهلبوت، منزوعة الجلد ومنزوعة عظام الدبوس، ومقطعة إلى مكعبات بحجم 1 بوصة / 2.5 سم
- 1 كوب / 50 جرام من البقدونس المفروم ناعماً
- 2 فص ثوم كبير، مهروس
- ½ ملعقة صغيرة رقائق تشيلي
- 1 ملعقة كبيرة عصير ليمون طازج
- 2 ملعقة كبيرة زيت زيتون
- ملح
- شرائح ليمون، للتقديم
- 15 إلى 18 سيخًا طويلًا من الخيزران، منقوعة في الماء لمدة ساعة
- خلطة بهارات الحوايج
- 1 ملعقة صغيرة فلفل أسود
- 1 ملعقة صغيرة بذور كزبرة
- 1½ ملعقة صغيرة بذور كمون
- 4 فصوص كاملة
- ½ ملعقة صغيرة هيل مطحون
- 1½ ملعقة صغيرة كركم مطحون

تعليمات

a) ابدأ بخلطة الحوايج. ضعي الفلفل والكزبرة والكمون والقرنفل في مطحنة التوابل أو الهاون واطحنيها حتى تصبح ناعمة. يُضاف الهيل المطحون والكركم، ويُحرَّك المزيج جيدًا، ثم يُنقل إلى وعاء خلط كبير.

b) ضعي السمك، والبقدونس، والثوم، ورقائق الفلفل الحار، وعصير الليمون، وملعقة صغيرة من الملح في الوعاء مع بهارات الحوايج. امزجي السمك جيدًا بيديك، ثم دلكي السمك بخليط التوابل حتى تتغطى جميع القطع جيدًا. غطي الوعاء، ويفضل أن تترك لتتبل في الثلاجة لمدة 6 إلى 12 ساعة. إذا لم تتمكن من توفير هذا الوقت، فلا تقلق؛ يجب أن تكون الساعة جيدة أيضًا.

c) ضعي صينية الخبز على نار عالية واتركيها لمدة 4 دقائق حتى تسخن. في هذه الأثناء، قومي بغرس قطع السمك في الأسياخ، من 5 إلى 6 قطع في كل منها، مع التأكد من ترك فجوات بين القطع. قم بدهن السمك بالقليل من زيت الزيتون برفق ثم ضع الأسياخ على صينية الخبز الساخنة على 3 إلى 4 دفعات حتى لا تكون قريبة جدًا من بعضها البعض. قم بشوي السمك لمدة دقيقة ونصف على كل جانب حتى ينضج السمك. بدلًا من ذلك، قم بطهيها على الشواية أو تحت الشواية، حيث ستستغرق حوالي دقيقتين على كل جانب لتنضج.

d) يقدم على الفور مع شرائح الليمون.

94. سلطة فريكاسي

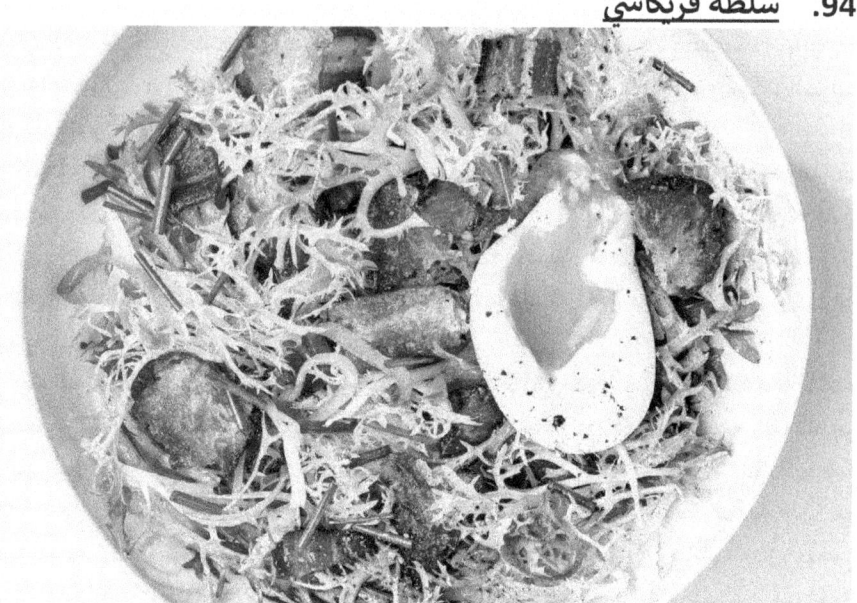

يجعل: 4

مكونات

- 4 أغصان إكليل الجبل
- 4 أوراق الغار
- 3 ملاعق كبيرة فلفل أسود
- حوالي ربع كوب / 400 مل زيت زيتون بكر ممتاز
- 10½ أونصة / 300 جرام من شرائح لحم التونة، قطعة واحدة أو قطعتين
- 1⅓ رطل / 600 جرام من بطاطس يوكون جولد، مقشرة ومقطعة إلى قطع بحجم ¾ بوصة / 2 سم
- ½ ملعقة صغيرة كركم مطحون
- 5 - شرائح أنشوجة، مفرومة فرماً خشناً
- 3 ملاعق كبيرة من معجون الهريسة (من المتجر أوانظر الوصفة)
- 4 ملاعق كبيرة كبر
- 2 ملعقة صغيرة قشر ليمون محفوظ مفروم ناعماً (يتم شراؤه من المتجر أوانظر الوصفة)
- ½ كوب / 60 جرام زيتون أسود منزوع النواة ومقطع إلى أنصاف
- 2 ملعقة كبيرة عصير ليمون طازج
- 5 أونصة / 140 جم من فلفل بيكيلو المحفوظ (حوالي 5 فلفل)، ممزق إلى شرائح خشنة
- 4 بيضات كبيرة الحجم، مسلوقة، مقشرة، ومقطعة إلى أرباع
- 2 خس صغير الحجم (حوالي 5 أونصة / 140 جرام إجمالاً)، أوراق منفصلة وممزقة
- ⅔ أوقية / 20 جرام من البقدونس ذو الأوراق المسطحة، الأوراق مقطّعة وممزقة
- ملح

تعليمات

a) لتحضير التونة، ضعي إكليل الجبل وورق الغار وحبوب الفلفل في قدر صغيرة وأضيفي زيت الزيتون. سخني الزيت إلى ما دون نقطة الغليان مباشرةً، عندما تبدأ الفقاعات الصغيرة في الظهور. أضف التونة بعناية (يجب أن تكون التونة مغطاة بالكامل، وإذا لم تكن كذلك، سخني المزيد من الزيت وأضفها إلى المقلاة). نرفعه عن النار ونتركه جانباً لمدة ساعتين، ثم نغطي الوعاء ونتركه في الثلاجة لمدة 24 ساعة على الأقل.

b) اطهي البطاطس مع الكركم في الكثير من الماء المغلي المملح لمدة 10 إلى 12 دقيقة، حتى تنضج. قم بتصفية الماء بعناية، مع التأكد من عدم انسكاب أي ماء من الكركم (البقع صعبة الإزالة!) ، ثم ضعها في وعاء خلط كبير. بينما لا تزال البطاطس ساخنة، أضيفي الأنشوجة، الهريسة، نبات الكبر، الليمون المحفوظ، الزيتون، 6 ملاعق كبيرة / 90 مل من زيت حفظ التونة، وبعض حبات الفلفل من الزيت. تخلط بلطف وتترك لتبرد.

c) نرفع التونة من الزيت المتبقي، ونقطعها إلى قطع صغيرة، ونضيفها إلى السلطة. أضيفي عصير الليمون والفلفل والبيض والخس والبقدونس. قلبي بلطف وتذوقي وأضيفي الملح إذا احتاج إليه وربما المزيد من الزيت ثم قدميه.

95. الروبيان والاسكالوب والمحار مع الطماطم والفيتا

يجعل: 4 كمبتدئ

مكونات

- 1 كوب / 250 مل نبيذ أبيض
- 2¼ رطل / 1 كجم من المحار المقشر
- 3 فصوص من الثوم، مقطعة إلى شرائح رفيعة
- 3 ملاعق كبيرة زيت زيتون، بالإضافة إلى كمية إضافية للتقديم
- ½ 3 أكواب / 600 جرام من الطماطم الإيطالية المقشرة والمفرومة (طازجة أو معلبة)
- 1 ملعقة صغيرة سكر ناعم
- 2 ملعقة كبيرة أوريجانو مفروم
- 1 ليمون
- 7 أونصة / 200 جرام من القريدس النمري المقشر والمنظف
- 7 أونصة / 200 جرام من الإسكالوب الكبير (إذا كان كبيرًا جدًا، قم بتقطيعه إلى نصفين أفقيًا)
- 4 أوقية / 120 جرام من جبنة الفيتا، مقسمة إلى قطع بحجم ¾ بوصة / 2 سم
- 3 حبات بصل أخضر، مقطعة إلى شرائح رفيعة
- الملح والفلفل الأسود المطحون الطازج

تعليمات

a) ضعي النبيذ في قدر متوسطة الحجم واتركيه يغلي حتى يقل حجمه إلى ثلاثة أرباع. يُضاف المحار، ويُغطى فورًا بغطاء، ويُطهى على نار عالية لمدة دقيقتين تقريبًا، مع رج المقلاة من حين لآخر، حتى يُفتح المحار. ننقله إلى منخل ناعم لتصفيته، ونحتفظ بعصائر الطهي في وعاء. تخلصي من أي محار لا يفتح، ثم أزيلي الباقي من قشرته، واتركي القليل منه مع قشرته لإنهاء الطبق، إذا أردت.

b) سخني الفرن إلى 475 درجة فهرنهايت / 240 درجة مئوية.

c) في مقلاة كبيرة، قم بطهي الثوم في زيت الزيتون على نار متوسطة إلى عالية لمدة دقيقة واحدة تقريباً، حتى يصبح ذهبي اللون. أضف بعناية الطماطم، سائل البطلينوس، السكر، الأوريجانو، وبعض الملح والفلفل. انزعي 3 شرائح من قشر الليمون، وأضيفيها واتركيها على نار هادئة لمدة 20 إلى 25 دقيقة، حتى تتكاثف الصلصة. تذوق وأضف الملح والفلفل حسب الحاجة. تخلص من نكهة الليمون.

d) يُضاف الجمبري والاسكالوب ويُحرّك المزيج بلطف ويُطهى لمدة دقيقة أو دقيقتين فقط. قم بطي المحار المقشر وانقل كل شيء إلى طبق صغير مقاوم للفرن. اغمسي قطع الفيتا في الصلصة ورشيها بالبصل الأخضر. ضعي فوقها بعض المحار في قشرتها، إذا أردت، ثم ضعيها في الفرن لمدة 3 إلى 5 دقائق، حتى يتلون الجزء العلوي قليلاً وينضج الجمبري والاسكالوب. نخرج الطبق من الفرن، ونعصر القليل من عصير الليمون فوقه، وننهي الطبق برذاذ زيت الزيتون.

96. شرائح سمك السلمون في صلصة الشرايمة

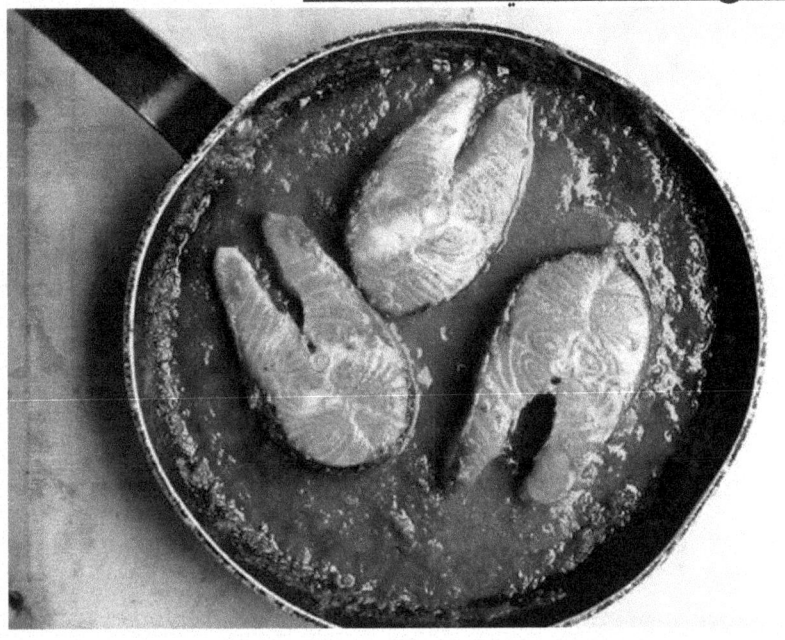

يجعل: 4

مكونات

- نصف كوب / 110 مل زيت دوار الشمس
- 3 ملاعق كبيرة من الدقيق متعدد الأغراض
- 4 شرائح سلمون، حوالي 1 رطل / 950 جرام
- 6 فصوص من الثوم، مفرومة بشكل خشن
- 2 ملعقة صغيرة بابريكا حلوة
- 1 ملعقة كبيرة بذور كراوية، محمصة وجافة ومطحونة طازجة
- 1½ ملعقة صغيرة كمون مطحون
- مدور ¼ ملعقة صغيرة فلفل حريف
- ¼ ملعقة صغيرة قرفة مطحونة
- 1 فليفلة خضراء، مفرومة خشناً
- ⅔ كوب / 150 مل ماء
- 3 ملاعق كبيرة معجون طماطم
- 2 ملعقة صغيرة سكر ناعم
- 1 ليمونة، مقطعة إلى 4 شرائح، بالإضافة إلى 2 ملعقة كبيرة عصير ليمون طازج
- 2 ملعقة كبيرة كزبرة مفرومة خشناً
- الملح والفلفل الأسود المطحون الطازج

تعليمات

a) سخني ملعقتين كبيرتين من زيت عباد الشمس على نار عالية في مقلاة كبيرة لديك غطاء لها. ضعي الدقيق في وعاء ضحل، وتبليه بالملح والفلفل، ثم ضعي السمك فيه. تخلصي من الدقيق الزائد واقلي السمك لمدة دقيقة أو دقيقتين على كل جانب حتى يصبح ذهبي اللون. أخرج السمكة وامسح المقلاة نظيفة.

b) ضع الثوم، والبهارات، والفلفل الحار، وملعقتين كبيرتين من زيت عباد الشمس في محضرة الطعام واضربهم جيدًا لتشكيل معجون سميك. قد تحتاج إلى إضافة القليل من الزيت لتجميع كل شيء معًا.

c) يُسكب الزيت المتبقي في المقلاة، ويُسخن جيدًا، ويُضاف معجون البهارات. يُحرَّك المزيج ويُقلى لمدة 30 ثانية فقط حتى لا تحترق البهارات. بسرعة ولكن بحذر (قد يبصق!) أضف الماء ومعجون الطماطم لمنع التوابل من الطهي. يُغلى المزيج على نار خفيفة ويُضاف السكر وعصير الليمون ونصف ملعقة صغيرة من الملح وبعض الفلفل. طعم للتوابل.

d) ضعي السمك في الصلصة، واتركيه حتى يغلي على نار خفيفة، ثم غطي المقلاة واطهيها لمدة تتراوح من 7 إلى 11 دقيقة، حسب حجم السمك، حتى تنضج. نرفع القدر عن النار، ونرفع الغطاء، ونتركه حتى يبرد. يُقدّم السمك دافئًا أو في درجة حرارة الغرفة. تُزيّن كل حصة بالكزبرة وشريحة ليمون.

.97 سمك حلو وحامض متبل

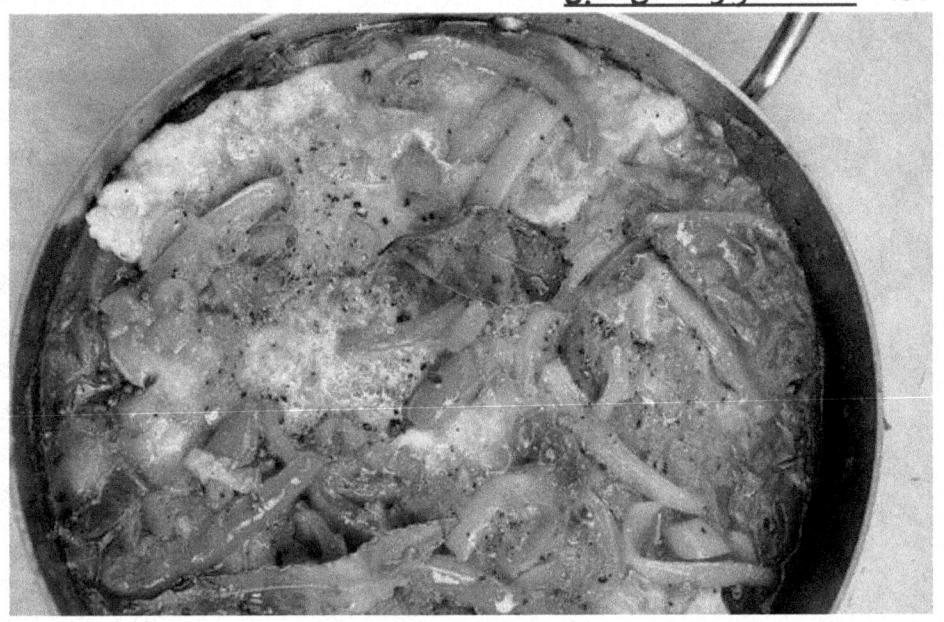

يجعل: 4

مكونات

- 3 ملاعق زيت زيتون
- 2 بصلة متوسطة الحجم، مقطعة إلى شرائح مقاس ⅜ بوصة / 1 سم (إجمالي 3 أكواب / 350 جم)
- 1 ملعقة كبيرة بذور كزبرة
- 2 فلفل (1 أحمر و1 أصفر)، مقطعة إلى نصفين بالطول، منزوعة البذور، ومقطعة إلى شرائح بعرض 1 سم (3 أكواب / 300 جرام إجمالاً)
- 2 فص ثوم، مطحون
- 3 أوراق الغار
- 1½ ملعقة كبيرة مسحوق الكاري
- 3 حبات طماطم، مفرومة (2 كوب / 320 جم إجمالاً)
- 2½ ملعقة كبيرة سكر
- 5 ملاعق كبيرة من خل التفاح
- 1 رطل / 500 جرام من سمك البلوق، أو سمك القد، أو سمك الهلبوت، أو الحدوق، أو شرائح السمك الأبيض الأخرى، مقسمة إلى 4 قطع متساوية
- دقيق متبل لجميع الأغراض، للرش
- 2 بيضة كبيرة الحجم مخفوقة
- ⅓ كوب / 20 جرام كزبرة مفرومة

الملح والفلفل الأسود المطحون الطازج

تعليمات

a) سخني الفرن إلى 375 درجة فهرنهايت / 190 درجة مئوية.

b) سخني ملعقتين كبيرتين من زيت الزيتون في مقلاة كبيرة مقاومة للفرن أو فرن هولندي على نار متوسطة. يُضاف البصل وبذور الكزبرة ويُطهى لمدة 5 دقائق مع التحريك باستمرار. أضيفي الفلفل واطهيه لمدة 10 دقائق إضافية. يُضاف الثوم وأوراق الغار ومسحوق الكاري والطماطم ويُطهى لمدة 8 دقائق أخرى مع التحريك من حين لآخر. أضف السكر والخل وملعقة صغيرة ونصف من الملح وبعض الفلفل الأسود واستمر في الطهي لمدة 5 دقائق أخرى.

c) في هذه الأثناء، سخني ملعقة كبيرة من الزيت المتبقية في مقلاة منفصلة على نار متوسطة إلى عالية. رش السمك بالقليل من الملح، ثم غمسه في الدقيق، ثم في البيض، ونقلبه لمدة 3 دقائق تقريبًا، مع التقليب مرة واحدة. انقلي السمك إلى مناشف ورقية لامتصاص الزيت الزائد، ثم أضيفيه إلى المقلاة مع الفلفل والبصل، وادفعي الخضار جانبًا حتى يستقر السمك في قاع المقلاة. أضف كمية كافية من الماء فقط لغمر السمك (حوالي كوب واحد / 250 مل) في السائل.

d) أدخلي الصينية إلى الفرن لمدة من 10 إلى 12 دقيقة، حتى ينضج السمك. نخرجها من الفرن ونتركها لتبرد إلى درجة حرارة الغرفة. يمكن الآن تقديم السمك، لكنه في الواقع أفضل بعد يوم أو يومين في الثلاجة. قبل التقديم، تذوقي وأضيفي الملح والفلفل إذا لزم الأمر، وزينيها بالكزبرة.

98. جاليت الفلفل الأحمر والبيض المخبوز

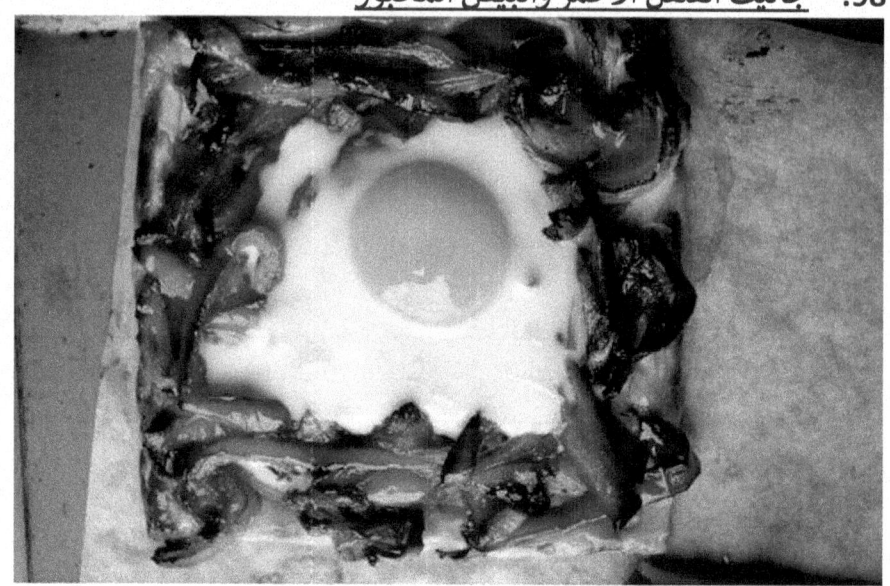

يجعل: 4

مكونات

● 4 حبات فلفل أحمر متوسطة الحجم، مقسمة إلى نصفين ومنزوعة البذور ومقطعة إلى شرائح بعرض ⅜ بوصة / 1 سم

● 3 حبات بصل صغيرة، مقطعة إلى نصفين ومقطعة إلى شرائح بعرض ¾ بوصة / 2 سم

● 4 أغصان زعتر، مقطّعة الأوراق ومفرومة

● 1½ ملعقة صغيرة كزبرة مطحونة

● 1½ ملعقة صغيرة كمون مطحون

● 6 ملاعق كبيرة زيت زيتون، بالإضافة إلى كمية إضافية للتقديم

● 1½ ملعقة كبيرة أوراق بقدونس مسطحة، مفرومة خشناً

● 1½ ملعقة كبيرة أوراق كزبرة، مفرومة خشناً

● 9 أونصة / 250 جم من أفضل أنواع المعجنات المنتفخة بالزبدة

● 2 ملعقة كبيرة / 30 جرام قشدة حامضة

● 4 بيضات كبيرة الحجم (أو 5½ أونصة / 160 جم من جبنة الفيتا المفتتة)، بالإضافة إلى بيضة واحدة مخفوقة قليلاً

● الملح والفلفل الأسود المطحون الطازج

تعليمات

a) سخني الفرن إلى 400 درجة فهرنهايت / 210 درجة مئوية. في وعاء كبير، اخلطي الفلفل والبصل وأوراق الزعتر والبهارات المطحونة وزيت الزيتون وقليل من الملح. يُوزّع في مقلاة التحميص ويُحمص لمدة 35 دقيقة مع التحريك عدة مرات أثناء الطهي. يجب أن تكون الخضروات طرية وحلوة ولكن ليست مقرمشة أو بنية اللون لأنها ستنضج أكثر. أخرجه من الفرن وأضف نصف كمية الأعشاب الطازجة. تذوق للتتبيلة واتركها جانباً. ارفعي درجة حرارة الفرن إلى 425 درجة فهرنهايت / 220 درجة مئوية.

b) على سطح مرشوش بقليل من الدقيق، افردي العجينة المنتفخة إلى مربع بحجم 12 بوصة / 30 سم وسمكه حوالي ⅛ بوصة / 3 مم ثم قطعيه إلى أربع مربعات بحجم 6 بوصة / 15 سم. نثقب المربعات من جميع الجوانب بالشوكة، ونضعها على مسافة جيدة على صينية خبز مبطنة بورق البرشمان. نتركها لترتاح في الثلاجة لمدة 30 دقيقة على الأقل.

c) نخرج العجينة من الثلاجة، ثم ندهن وجهها وجوانبها بالبيض المخفوق. باستخدام ملعقة مسطحة أو الجزء الخلفي من الملعقة، قم بتوزيع ملعقة صغيرة ونصف من القشدة الحامضة على كل مربع، مع ترك حدود ¼ بوصة / 0.5 سم حول الحواف. رتبي 3 ملاعق كبيرة من خليط الفلفل فوق المربعات المغطاة بالكريمة الحامضة، مع ترك الحواف واضحة لترتفع. يجب أن يتم توزيعها بشكل متساوٍ إلى حدٍ ما، لكن اترك بئرًا ضحلًا في المنتصف لحمل البيضة لاحقًا.

d) اخبزي الغاليت لمدة 14 دقيقة. أخرجي صينية الخبز من الفرن واكسري بيضة كاملة بعناية في الحفرة الموجودة في وسط كل فطيرة. يُعاد إلى الفرن ويُطهى لمدة 7 دقائق أخرى، حتى ينضج البيض. يرش الفلفل الأسود والأعشاب المتبقية ويرش بالزيت. يخدم في وقت واحد.

99. <u>حانوكا قالب طوب</u>

يجعل: 2

مكونات

● حوالي 1 كوب / 250 مل زيت دوار الشمس
● 2 دائرة من عجينة الطوب، بقطر 10 إلى 12 بوصة / 25 إلى 30 سم
● 3 ملاعق كبيرة من البقدونس ذو الأوراق المسطحة المفرومة
● 1½ ملعقة كبيرة بصل أخضر مفروم، الأجزاء الخضراء والبيضاء
● 2 بيضة كبيرة الحجم
● الملح والفلفل الأسود المطحون الطازج

تعليمات

a) يُسكب زيت عباد الشمس في قدر متوسطة الحجم. يجب أن يصل ارتفاعه إلى حوالي ¾ بوصة / 2 سم على جوانب المقلاة. يوضع على نار متوسطة ويترك حتى يسخن الزيت. لا تريد أن تكون ساخنة جدًا وإلا ستحترق المعجنات قبل أن تنضج البيضة؛ ستبدأ الفقاعات الصغيرة في الظهور عندما تصل إلى درجة الحرارة المناسبة.

b) ضعي إحدى دوائر المعجنات داخل وعاء ضحل. (يمكنك استخدام قطعة أكبر إذا كنت لا تريد إهدار الكثير من المعجنات وملئها أكثر.) سوف تحتاج إلى العمل بسرعة حتى لا تجف المعجنات وتصبح قاسية. ضعي نصف البقدونس في وسط الدائرة ورشيها بنصف البصل الأخضر. اصنع عشًا صغيرًا لتضع فيه البيضة، ثم اكسر البيضة بعناية في العش. يُرش الملح والفلفل بسخاء ويُطوى على جوانب العجينة لتكوين قطعة. سوف تتداخل الطيات الأربع بحيث تكون البيضة مغلقة بالكامل. لا يمكنك إغلاق المعجنات، ولكن يجب أن تحافظ الطية الأنيقة على البيضة بالداخل.

c) اقلب الطرد بعناية ثم ضعه برفق في الزيت، وأغلق الجانب لأسفل. اطهيها لمدة 60 إلى 90 ثانية على كل جانب، حتى تصبح العجينة ذهبية اللون. يجب أن يتماسك بياض البيض ويظل الصفار سائلاً. نرفع القطعة المطبوخة من الزيت، ونضعها بين المناشف الورقية لامتصاص الزيت الزائد. حافظ على الدفء أثناء طهي المعجنات الثانية. خدمة كلا الطرود في وقت واحد.

100. صفيحة أو لحم بعجين

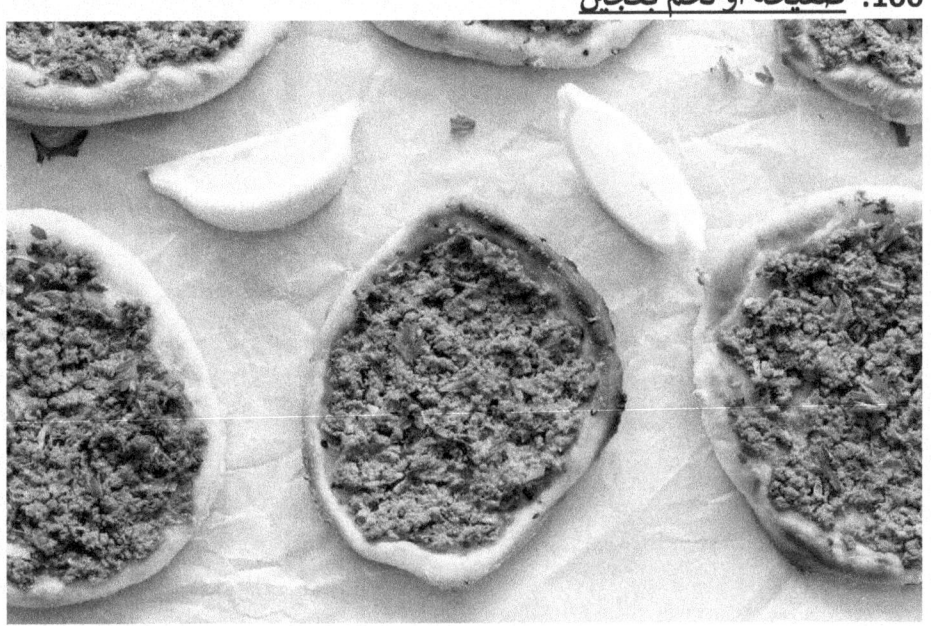

يجعل: حوالي 14 معجنات

تتصدر

مكونات
- 9 أونصة / 250 جرام لحم ضأن مفروم
- 1 بصلة كبيرة مفرومة ناعماً (1 كوب / 180 جرام إجمالاً)
- 2 طماطم متوسطة الحجم مفرومة ناعماً (1½ كوب / 250 جم)
- 3 ملاعق كبيرة معجون طحينة خفيف
- ¼ ملعقة صغيرة ملح
- 1 ملعقة صغيرة قرفة مطحونة
- 1 ملعقة صغيرة من البهارات المطحونة
- ⅛ ملعقة صغيرة فلفل حريف
- 1 أونصة / 25 جم من البقدونس ذو الأوراق المسطحة، المفروم
- 1 ملعقة كبيرة عصير ليمون طازج
- 1 ملعقة كبيرة دبس الرمان
- 1 ملعقة كبيرة سماق
- 3 ملاعق كبيرة / 25 جرام صنوبر
- 2 ليمونة، مقطعة إلى شرائح

عجين
- ⅔ كوب / 230 جرام دقيق الخبز
- 1½ ملعقة كبيرة حليب بودرة
- ½ ملعقة كبيرة ملح
- 1½ ملعقة صغيرة خميرة جافة نشطة سريعة الارتفاع
- ½ ملعقة صغيرة بيكنج بودر
- 1 ملعقة كبيرة سكر
- نصف كوب / 125 مل زيت دوار الشمس
- 1 بيضة كبيرة الحجم
- نصف كوب / 110 مل ماء فاتر
- زيت زيتون، للدهن

تعليمات

a) ابدأ بالعجين. ضعي الدقيق، والحليب البودرة، والملح، والخميرة، والبيكنج باودر، والسكر في وعاء خلط كبير. نخلط المكونات جيدًا حتى تمتزج، ثم نصنع حفرة في وسط الخليط. ضعي زيت عباد الشمس والبيضة في البئر، ثم قومي بالتقليب مع إضافة الماء. عندما تتماسك العجينة، انقليها إلى سطح العمل واعجنيها لمدة 3 دقائق حتى تصبح مرنة ومتجانسة. ضعيها في وعاء، وادهنها بالقليل من زيت الزيتون، ثم غطيها بمنشفة في مكان دافئ، واتركيها لمدة ساعة، وعندها يجب أن ترتفع العجينة قليلاً.

b) في وعاء منفصل، استخدمي يديك لخلط جميع مكونات الطبقة العلوية معًا باستثناء الصنوبر وشرائح الليمون. اجلس جانبا.

c) سخني الفرن إلى 450 درجة فهرنهايت / 230 درجة مئوية. قم بتبطين صينية خبز كبيرة بورق البرشمان.

d) قسّم العجينة إلى كرات بوزن 2 أونصة / 50 جم؛ يجب أن يكون لديك حوالي 14. قم بطرح كل كرة على شكل دائرة يبلغ قطرها حوالي 5 بوصات / 12 سم وسمكها ⅛ بوصة / 2 مم. دهن كل دائرة بخفة على كلا الجانبين بزيت الزيتون ووضعها على صينية الخبز. يغطى ويترك ليرتفع لمدة 15 دقيقة.

e) استخدمي ملعقة لتقسيم الحشوة بين المعجنات، ثم توزيعها بشكل متساوي بحيث تغطي العجينة بالكامل. يرش بالصنوبر. نتركها جانباً لتتخمر لمدة 15 دقيقة أخرى، ثم ندخلها الفرن لمدة 15 دقيقة تقريباً، حتى تنضج. تريد التأكد من أن المعجنات قد تم خبزها للتو، وليست مفرطة في الخبز؛ يجب أن تكون الطبقة العلوية باللون الوردي قليلاً من الداخل والمعجنات ذهبية من الجانب السفلي. نخرجها من الفرن وتقدم دافئة أو في درجة حرارة الغرفة مع شرائح الليمون.

خاتمة

تعتبر وصفات حانوكا جزءًا أساسيًا من الاحتفال بهذه العطلة الخاصة. إنهم يجمعون العائلات والأصدقاء معًا للاستمتاع بالأطباق التقليدية اللذيذة التي توارثتها الأجيال. من اللاتيكس المقرمش إلى السفانيوت الحلو، هذه الوصفات مليئة بالنكهة والرمزية. إنها تمثل معجزة الزيت، ودفء التجمعات العائلية، وفرحة الاحتفال بعيد غارق في التقاليد. سواء كنت تحتفل بعيد هانوكا أو ترغب ببساطة في تجربة شيء جديد، فهذه الوصفات هي طريقة رائعة لتجربة ثراء وعمق الثقافة والمطبخ اليهودي.

Milton Keynes UK
Ingram Content Group UK Ltd.
UKHW020641260923
429409UK00015B/942

9 781835 517383